税務トラブルを起こさない事務所の掟

税理士
窪澤朋子
【著】

中央経済社

はじめに

　本書には，近年の税務トラブルの案件から筆者が気づいたことを，会計事務所を経営していくにあたり気をつけたいポイントとしてまとめています。ピックアップした事件には，地裁のみで終結したものもあれば，地裁では税理士が勝訴したものの高裁にて和解で終結し，税理士側がいくらかの賠償金を支払ったものなどもありました。事件のピックアップを終えた後も，新たな税賠訴訟案件についての報道が数多くなされ，税賠訴訟の多さを改めて実感しています。

　税賠訴訟として公表されるものは，発生した税務トラブルのほんの一部にすぎません。公表されるもの以外に，当事者間での交渉で決着を見たり，地裁において裁判上の和解が成立したりする事件は多くあると思われます。税賠事故事例として日税連保険サービスより公表されている案件も，税務に係るミスやトラブルの一例にすぎないと思われます。しかし，実際に起きてしまった事故を振り返ることで，私たちは将来のトラブル発生の確率を下げることができるはずです。

　税制は本来，国家が必要な財源を調達するためのものであり，国家の未来に向けてのメッセージであるはずですが，さまざまな目的を実現しながら各方面へ配慮する必要性からか，今日の税制はかなり複雑化しています。税制が複雑化すると，それに伴い税務トラブルや税賠事故が起きる確率が上がると思われます。たとえば，令和6年度の税制改正においては，中小企業向け賃上げ促進税制に繰越控除制度（5年間）が設けられて，将来税額控除を受けるためには，赤字の法人であっても要件該当性を判断のうえ，該当すれば法人税等の納税額が発生していない場合でも，申告書へ別表を添付しなければならないこととなりました。この改正は，将来の税務トラブルを増加させる要因の1つとなりそうです。

　このように，私たち税務の専門家をめぐる環境は厳しいわけですが，クライアントとのコミュニケーションがうまくできていれば，必ずしも大きなト

ラブルが発生するわけではありません。クライアントとのコミュニケーションにあたって，どのような点がうまくいかなかったことでトラブルとなってしまったかといった点についても，本書を手に取っていただくことで理解できるのではないかと思います。

　なお，本書の内容は筆者の個人的見解であり，弊所の公式見解ではありません。また，記載内容の妥当性は法令等の改正や裁判例等により変化することがあります。個別事案の検討にあたっては，適切な専門家にご相談くださいますよう，お願い申し上げます。

　最後になりましたが，本書の刊行にあたり，原稿の遅れにも寛容にお待ちいただき，また，構成や内容等について数多くのアイディアをくださった中央経済社の川上哲也氏，アドバイスをくださった弊所コンサルティング部の須田和彦氏および皺裕子氏，アドミニストレーション部リスクマネジメントチームにはこの場を借りてお礼を申し上げます。

2024年7月

税理士

窪澤　朋子

目　次

序　章　本書のねらい
1　税賠訴訟の提出証拠は税理士業務の鏡である …………………… 13
　(1)　業務や指導の内容を常に記録せよ／13
　(2)　クライアントとのコミュニケーションの大切さを再認識せよ／14
　(3)　クライアントへの提案前に所内で十分に検討を／15
2　税理士勝訴の案件でも反省点は多々 ……………………………… 15
3　報酬請求案件や税理士懲戒処分なども ……………………………… 16

第1章　クライアントに対する説明義務

1 消費税の制度と有利不利は必ず説明を ──────────── 18
1　無申告の消費税にペナルティ ……………………………………… 18
2　消費税の制度と有利不利は必ず説明を ……………………………… 18
　(1)　新設クライアントに対する消費税の説明は必須／18
　(2)　本則課税と簡易課税の有利不利の説明も怠らずに／19
　(3)　コミュニケーションは郵送のみでは不十分／20
3　インボイス時代には十分ありうる話 ………………………………… 21

2 年1回の関与でも情報を得られるように ──────────── 22
1　本則課税と簡易課税の選択は経営者が行うべき …………………… 22
2　年1回の関与でも情報を得られるように …………………………… 22
　(1)　年1回関与のクライアントとこそ契約書を／22
　(2)　税賠保険があることが税賠訴訟の可能性を高める事態も／24
　(3)　申告書と届出書の同時提出よりも情報の確度を優先して／24
3　年1回関与のクライアントの依頼を安請け合いしない ……………… 26
4　裁判官に税法を正しく理解してもらうことも必要 …………………… 27

3 回答はシミュレーション結果をもとに ──────────── 29
1　消費税のシミュレーションを行わず納税者不利に …………………… 29
2　回答はシミュレーション結果をもとに ……………………………… 30
　(1)　根拠のある数字をもとにシミュレーションを行う／30

(2)　見極めの時期はギリギリが最も正確／31
　　　(3)　尋問での誤った受け答えは命取りに／32
　　3　税理士業務処理簿の作成の検討を ································· 32

4　申告の流れと報酬の説明は丁寧に ──────────── 35
　　1　相続税申告書作成には修正申告書作成事務も含まれる ············ 35
　　2　申告の流れと報酬の説明は丁寧に ································· 36
　　　(1)　受任範囲の説明を丁寧に／36
　　　(2)　報酬体系もあらかじめ説明を／37
　　　(3)　契約書は2通作成して両者保管が望ましい／38
　　3　細かな行き違いは真摯な態度で挽回を ··························· 38

5　所内確認の前に不確実な言及をしない ──────────── 39
　　1　課税事業者選択届出書の提出を失念し還付が不能に ············ 39
　　2　所内確認の前に不確実な言及をしない ··························· 40
　　　(1)　新規クライアントの状況を確認してから受任を／40
　　　(2)　テンプレートはカスタマイズして使用せよ／40
　　　(3)　消費税還付申告の受任は届出書の確認とセットで／41
　　3　担当職員に任せすぎは税理士にWのリスク ······················ 42

6　事実関係は対象者全員へヒアリングを ──────────── 43
　　1　費消されたリフォーム代金を預け金として相続財産に ············ 43
　　2　事実関係は対象者全員へヒアリングを ··························· 44
　　　(1)　相続税の基本的な説明を丁寧に／44
　　　(2)　他の相続人に及ぶ不利益も説明を／45
　　　(3)　事実関係から推察される最も正しい申告を行うアドバイスを／46
　　3　更正の請求で解決できない可能性も伝えるべし ··················· 47
　　　Column　インボイス制度 ·· 48

第2章　クライアントとの関係性・受任範囲

1　M&Aへの関与は別途契約を締結して ──────────── 50
　　1　未払残業代の有無でクライアントとともに提訴される ············ 50
　　2　M&Aへの関与は別途契約を締結して ····························· 51
　　　(1)　税務顧問契約でM&Aのサポート業務はカバーできない／51
　　　(2)　税理士が作成する財務諸表は一定の前提をもとにしている／52
　　　(3)　簿外資産・負債はないとの確認をクライアントから得よ／52

目　次

　　　3　M&Aのリスクを伝えることも重要 ……………………………… 53
② 受託業務の範囲を明確に ──────────────────── 55
　　　1　依頼された補助金の申請期限の徒過に気づく ………………… 55
　　　2　受託業務の範囲を明確に ………………………………………… 56
　　　(1)　受託業務の該当性について双方で確認を／56
　　　(2)　申請業務を受託する場合は期日管理を確実に／57
　　　(3)　他の資格の独占業務に該当しないことの確認も／58
　　　3　申請期限までに必要書類が揃っている必要がない場合も …… 58
③ 遺産分割協議には深く関わりすぎない ─────────── 60
　　　1　分割結果に納得しない相続人トラブルに巻き込まれる ……… 60
　　　2　遺産分割協議には深く関わりすぎない ………………………… 61
　　　(1)　分割内容の伝達は客観的に行う／61
　　　(2)　相続人間のトラブルが起きやすいケースを把握する／62
　　　(3)　すべての相続人から申告業務を受任しない選択肢も想定する／63
　　　3　申告書への押印に代わる確認書を …………………………… 64
④ 周辺人物とのコミュニケーションに留意を ────────── 65
　　　1　申告書提出直前に解任も提出可能な段階まで業務遂行 ……… 65
　　　2　周辺人物とのコミュニケーションに留意を …………………… 66
　　　(1)　大切な資料は依頼者と直接やりとりせよ／66
　　　(2)　所内での作業中もコミュニケーションを継続せよ／67
　　　(3)　クライアントの心情も踏まえた説明とアドバイスを／67
　　　3　契約の解除は双方からできる ………………………………… 68
　　　Column　税賠が今まで1件もない？ ……………………………… 69

第3章　クライアントに対するコンサルティング

① 根拠となる調査記録の保存を ───────────────── 72
　　　1　みなし配当で総合課税になると認識せず追加納税に ………… 72
　　　2　根拠となる調査記録の保存を …………………………………… 73
　　　(1)　アドバイスの根拠となる明確な記録を残して／73
　　　(2)　文献等の調査記録は必ず手元に残して／74
　　　(3)　事前アドバイスミスは本税部分も賠償が求められる／75
　　　3　タイムチャージによらない報酬にリスクあり ………………… 76
② 税額の総額が同じでも損害は生じうる ─────────── 79

7

1　買換え特例を誤って生じた損害の一部を税理士が負担 ······· 79
　　2　税額の総額が同じでも損害は生じうる ························ 80
　　　(1)　仮の税額を伝える際はあくまでも仮であることを明確に／80
　　　(2)　課税繰延べのアドバイスミスでも損害は生じうる／82
　　　(3)　不動産の売買が関係する特例は慎重に検討を／83
　　3　クライアントとの打ち合わせの日程・内容を記録する ······· 83

3　他の関係者への影響も考慮に入れて ──────── 85
　　1　未払退職金につき計上した債務免除益で贈与税が発生 ······· 85
　　2　他の関係者への影響も考慮に入れて ························· 86
　　　(1)　直接のクライアントのみならず他の関係者への影響も検討を／86
　　　(2)　法人税のみ受任して他税目は対象外との理屈は通用しない／87
　　　(3)　贈与税本税の損害の認定は事案による／87
　　3　本税を支払わないと増え続ける延滞税 ······················· 88

4　スキーム提案には他者の見解の確認を ─────── 89
　　1　相続対策スキームの誤りで3億円の損害 ····················· 89
　　2　スキーム提案には他者の見解の確認を ······················· 90
　　　(1)　クライアント担当者退職時の引き継ぎは十分に／90
　　　(2)　他者の見解を確認することの重要性を認識せよ／91
　　　(3)　正しくない申告を行うことは不適切／92
　　3　損害を回復できる備えも ···································· 93

5　中小企業・経営者のかかりつけ医であれ ────── 94
　　1　社長の横領を見過ごしても善管注意義務に違反せず ········· 94
　　2　中小企業・経営者のかかりつけ医であれ ···················· 95
　　　(1)　最悪の事態を回避する手段を模索せよ／95
　　　(2)　税務リスクが内在する処理への指摘は躊躇なく／95
　　　(3)　社長と会社の命を救うための提案を／96
　　3　賃上げ促進税制でのミスを起こさない ······················· 97
　　　　Column　トラブルの相談を受けて ······················ 98

第4章　クライアントの違法行為

1　訪問時の報告メールは経営トップにも ─────── 100
　　1　税理士は原資料の確認義務を有する ························ 100

2　訪問時の報告メールは経営トップにも …………………………… 101
　　　　(1)　資料不提示の期間と理由から異常を感知する／101
　　　　(2)　重要事項を記載した送付状は必ず保管を／102
　　　　(3)　クライアントへの報告メールは経営トップにも送信を／102
　　　3　原資料の特定のための工夫を ………………………………………… 103
　2　多額の交際費の内容は必ず確認せよ ──────────── 104
　　　1　相手先不明の交際費は社長のクラブ通い …………………………… 104
　　　2　多額の交際費の内容は必ず確認せよ ………………………………… 104
　　　　(1)　クライアントの意向にかかわらず指摘・指導を／104
　　　　(2)　税務調査の内容は迅速かつ適切にクライアントに報告を／106
　　　　(3)　重加算税の賦課についての説明を／106
　　　3　グループ内の複数の会社との契約を整理する ……………………… 107
　3　ダメなものはダメとキッパリ ─────────────── 108
　　　1　家事上の経費の混入を見過ごして重加算税 ………………………… 108
　　　2　ダメなものはダメとキッパリ ………………………………………… 109
　　　　(1)　領収書の分割行為を見過ごすべからず／109
　　　　(2)　指導に使用するメモは手交にとどまらずメールで送る／110
　　　　(3)　愛あるムチで将来のリスクを回避する／110
　　　3　税務調査の説明は電話等でニュアンスまで伝える …………………… 112
　4　脱税加担の依頼には毅然とした態度を ─────────── 113
　　　1　事務所職員が脱税に加担し重加算税を負担することに …………… 113
　　　2　脱税加担の依頼には毅然とした態度を ……………………………… 114
　　　　(1)　脱税加担は誰のためにもならないと認識せよ／114
　　　　(2)　サービスとして行ってよいことを弁えよ／115
　　　　(3)　クライアントに対する忠誠心は本来のサービスで発揮せよ／117
　　　3　査察では事務所のパソコンも押収される …………………………… 118
　　　　　Column　経費になるのかならないのか ………………………………… 119

第5章　事務所規程・税理士法

　1　連絡の手段は定型的なフォーマットで ─────────── 122
　　　1　役員退職金の計上に関する説明をめぐるトラブル ………………… 122
　　　2　連絡の手段は定型的なフォーマットで ……………………………… 123

(1)　重要な税務判断の内容とその説明は必ず記録・保管を／123
　　　(2)　FAXは送信履歴も合わせて保管を／124
　　　(3)　連絡は普段から同じ手段で／124
　　3　専門分野以外への関与には留意を ………………………………… 125

② 事実関係把握のため契約書を入手せよ ——————————— 126
　　1　疑似SOの権利行使益を誤って給与所得として申告 …………… 126
　　2　事実関係把握のため契約書を入手せよ ………………………… 127
　　　(1)　課税関係の把握は正しい資料の入手から／127
　　　(2)　課税関係の判断では条文検討や文献調査を怠らずに／128
　　　(3)　スピードを優先する場合はクライアントのリスクで／128
　　3　破産管財人による訴訟リスクも念頭に ………………………… 129

③ 重要な打ち合わせは担当職員同席で ——————————— 130
　　1　青色取消事由の期限後申告はクライアントとの合意あり ……… 130
　　2　重要な打ち合わせは担当職員同席で …………………………… 131
　　　(1)　決算作業に関する業務日報は作業の進捗を確認できる証拠／131
　　　(2)　訪問や面談の履歴はスケジューラーや手帳などで管理を／132
　　　(3)　決算確認や税務判断の打ち合わせは担当職員同席で／132
　　3　受任前に会社の状況について冷静な判断を …………………… 133

④ 職員の行動を確認できる仕組みづくりを ——————————— 134
　　1　元クライアントの決算書を職員が偽造し金融機関に提出 ……… 134
　　2　職員の行動を確認できる仕組みづくりを ……………………… 135
　　　(1)　クライアントとのメールには必ず上司をccに入れる／135
　　　(2)　申告書の提出・送信業務には担当職員以外の職員も関わるべき／135
　　　(3)　悪いことを報告できる雰囲気も大事／136
　　3　所長と社長のホットラインづくりを …………………………… 137

⑤ 独立トラブルは双方納得できる解決を ——————————— 138
　　1　勤務税理士の独立トラブルで所長が事務職員を提訴 …………… 138
　　2　独立トラブルは双方納得できる解決を ………………………… 138
　　　(1)　独立時の違反行為は就業規則で定めを／138
　　　(2)　担当税理士の定期的な交代も視野に／139
　　　(3)　独立トラブルが周りに与える影響も踏まえて／140
　　3　資料等の整理のための時期を設ける …………………………… 141

⑥ 自身のコンプライアンスも意識して ——————————— 142

目　次

　　1　税務調査は無事決着したものの税理士法違反で処分 ……………… 142
　　2　自身のコンプライアンスも意識して ……………………………… 143
　　　⑴　税務調査におけるネゴシエーションはその事案限りと認識せよ／143
　　　⑵　ネゴシエーションの際も税理士法遵守は頭に置いて／145
　　　⑶　税務調査での交渉内容と懲戒処分は別次元に考えよ／146
　　3　「メールは別途連絡を受けたら読む」は通用せず ………………… 147
7　普通の税理士の感覚を大事に ——————————————— 148
　　1　仕入税額控除の否認で前代未聞の処分 …………………………… 148
　　2　普通の税理士の感覚を大事に ……………………………………… 149
　　　⑴　税務調査対応を誤ると取り返しのつかない事態に／149
　　　⑵　以前の成功体験に頼るのは危険／150
　　　⑶　税務調査対応はクライアントの意向を尊重して／151
　　3　帳簿不提示のペナルティは重すぎ？ ……………………………… 152
　　　　Column　裁判所での1日 ……………………………………… 153

第6章　提携先・他士業・同業者との関係性

1　提携業者との関係性を再認識すべし ——————————— 156
　　1　保険解約トラブルに端を発して …………………………………… 156
　　2　提携業者との関係性を再認識すべし ……………………………… 157
　　　⑴　杜撰な業者との関係は見直すべき／157
　　　⑵　短期間の役務提供であっても契約書を取り交わすべき／158
　　　⑶　他業者との協業にはルールを設けて／159
　　3　節税商品の購入はクライアントの判断で ………………………… 160
2　提携先との付き合い方を軽視しない ——————————— 161
　　1　提携コンサルタントのトラブルに巻き込まれ提訴される ……… 161
　　2　提携先との付き合い方を軽視しない ……………………………… 162
　　　⑴　業務提携先とは適切な関係性を構築せよ／162
　　　⑵　届出書提出の確認は現物をもって行う／163
　　　⑶　受任時の入念なヒアリングや資料徴求でリスクを低減／164
　　3　自身が当事者でない契約にはなるべく関与しない ……………… 165
3　揉めそうな案件には弁護士と関与を ——————————— 167
　　1　後継者に有利な申告で他の相続人が報酬支払を拒否 …………… 167

11

2　揉めそうな案件には弁護士と関与を ………………………………… 168
　　　(1)　一家の顧問税理士としての業務と相続税申告業務は別物／168
　　　(2)　弁護士とともに関与して業務を完遂せよ／168
　　　(3)　税務代理権限証書は相続人1人ずつから／169
　　3　読みづらいメモはパソコンでまとめ直しを ……………………… 170
4　**同業者が時には最大の敵になる** ──────────────── 171
　　1　相続人に会わずに弁護士から受領した資料のみで申告 ………… 171
　　2　同業者が時には最大の敵になる …………………………………… 172
　　　(1)　クライアントとの税務上必要なやりとりには他の関与者を頼らない／172
　　　(2)　複数の申告方法があれば選択肢を示しクライアントの判断で／173
　　　(3)　クライアントだけでなくプロをも納得させる申告を／173
　　3　後に予定する更正の請求についての説明も ……………………… 174
　　　Column　スペシャリスト・ゼネラリストと専門家責任 ……………… 175

補　章　税務トラブルが起こったら

　　1　あわてずに，でもすみやかに対応を ……………………………… 177
　　　(1)　クレームの電話を受けたとき／177
　　　(2)　クライアントとの面談で切り出されたとき／178
　　　(3)　内容証明郵便を受領したとき／178
　　2　交渉での決着か，訴訟への移行か ………………………………… 179
　　　(1)　交渉での決着も「負け」ではない／179
　　　(2)　責任がほとんどないと思われる場合も報酬の返金の腹づもりで／180
　　　(3)　訴訟なら尋問への準備は怠りなく／180
　　3　レピュテーションリスクも頭に置いて …………………………… 181
　　　Column　尋問調書 ……………………………………………………… 182

判例索引／183
《付録》　税務トラブルを起こさない100の掟／184

序章

本書のねらい

　本書には，2018（平成30）年から2023（令和5）年頃に解決した，税理士とクライアントとの間の税賠訴訟やトラブル案件を30件集めました。本書は，税賠訴訟の解説書でも，税賠事故の頻出論点をまとめた書籍でもありません。税賠案件を1つひとつ検討することで，会計事務所におけるトラブルを防ぐための日常業務へのヒントとなれば，という思いを込めて執筆いたしました。

　また，本書においては，税理士が敗訴した案件だけでなく，税理士が勝訴した案件についても，結果オーライではなく，もう少しこうすべきだったのではないか，という観点からコメントを加えています。税理士が勝訴した案件であっても若干批判的な記載をしているのは，もう少し留意していればトラブル自体が発生しなかったのではないか，という思いがあるためです。

　税賠訴訟の案件について数多く取り上げ，その解説をした書籍はありますが，筆者としては，事件の紹介や解説にとどまらず，その背景に迫りたいと考え，本書で取り上げたすべての案件について裁判所へ裁判記録を閲覧に行きました。記録の閲覧によってわかったのは次のようなことです。

1　税賠訴訟の提出証拠は税理士業務の鏡である

(1)　業務や指導の内容を常に記録せよ

　日常の業務において，記録をほとんど残していない税理士の先生もいらっしゃるかもしれません。ただ，記録がないと，トラブルが起きた時には確実に不利になります。双方の記録がほとんどなく，両者の提出している証拠がほぼ陳述書のみという事件もありましたので，相手方が提出できる証拠の数

にもよるのですが……。

　陳述書というのは，これまでに起きたことなどの事実関係について主に時系列で説明した当事者の主観的な書面ですが，事実関係を示すための客観的な証拠がない場合には，この陳述書だけが証拠ということになります。そうすると，クライアントとの争いにおいて，たとえば消費税についての説明を受けていないと主張されたときに，説明したペーパーをメール添付でクライアントに送付していれば，「この時に説明している」と否認できることになりますが，トラブルが起きた時点において，説明したはずのペーパーがそもそも保管されていないか，ペーパーがあったとしてもクライアントに送付した証拠が何もない場合，クライアントに対して「説明した」ことを示せる手段が何もないこととなってしまいます。

　税理士が提訴されている案件で，税理士側の証拠が多数提出されているケースは少数派でした。税理士側の証拠が少なく，裏づけに苦労している案件を目にするたびに，記録しておくこと，そして，その記録をクライアントに共有しておくことの大切さをまざまざと感じました。クライアントと税理士との訴訟は，そもそも消費者や一般事業者vs専門家の構図となるので，当初から専門家としての注意義務等が求められる税理士が圧倒的に不利です。そのうえで，税理士側の証拠がクライアントより不足しているとしたら，税理士は非常に苦しい立場に追い込まれてしまいます。クライアント側にあまり証拠がなく，税理士側は議事録や説明時のペーパーをすべて残している，このような状況でやっと互角に争えると考えたほうがよいかもしれません。

(2) クライアントとのコミュニケーションの大切さを再認識せよ

　税理士側において，ある程度の証拠が残っており，その証拠が訴訟に提出されている場合は，税理士が勝訴したもの，敗訴したものとさまざまありましたが，クライアントとの間で，もう少し効果的なコミュニケーション手段を選択できたのではないかと思われるものがありました。

　税務調査の報告をFAXで行っていた事件（第4章3参照）では，クライア

ントである医師の診療時間との関係でFAXでの報告を余儀なくされていたため，そのFAXが証拠として残っていましたが，ニュアンスが伝わりにくい部分については電話等で補足をしたほうが，よりよい報告ができていたと思われました。また，すべてのコミュニケーションを郵送で行っていた事件（第1章①参照）については，もう少し電話等でのやりとりがあれば説明不足の事態に陥らなかったのではないかという感想を持ちました。

あくまでも訴訟に証拠として提出されたものだけを見ての感想なので，本来の事実関係は少し異なるのかもしれませんが，有利な証拠として提出できるはずのものはすべて提出されただろうことから考えると，やはりベストなコミュニケーションができていなかったと思われます。

(3) クライアントへの提案前に所内で十分に検討を

税務判断を導くにあたり，所内で検討した過程が記された書面についても，不十分と思われるものが多くありました。特にクライアントに対してコンサルティングを行う場面であれば，精緻なシミュレーションを行ったうえで根拠となる条文や文献等を付記した検討書面が保管されていることがベストですが，そのようなものは見当たりませんでした。むしろ，検討不足から誤りが生じてしまったとしても必然ではないかとも思われました。

DES事件（第3章④参照）においても，清算方式・DES方式のそれぞれについてクライアントへ提出したペーパーは各々1枚ものでした。クライアント側で，早急に対策を行いたいと考えていたという事情はあるにせよ，元代表者が会社に対して有していた債権額の大きさ（約11億円）を考えれば，金額の大きな提案をするにあたっての下調べや準備，所内でのレビューが十分とは言えなかったことが表れているのではないかと思います。

2　税理士勝訴の案件でも反省点は多々

税理士が結果として勝訴した事件では，税理士側の提出した証拠が完璧

だったかというと，必ずしもそうではありませんでした。証拠が少なく，またはほとんどないにもかかわらず勝訴したものもありましたし，さまざまな証拠を提出できたにもかかわらず，最終的に和解で決着した事件もありました。

　しかし，共通して言えることは，勝訴した案件についても，税理士側の対応が完璧だったものはほとんどなく，反省点が考えられうるということです。これは，裏返して言うと，もし完璧だったとしたなら，その場合には相手方から訴えられなかっただろう，ということになります。税賠訴訟は，提訴されたら必ずコストや時間がかかりますし，訴訟を提起されているということでの精神的なダメージも少なからず受けると思われます。目指すべき一番の目標は，税務トラブルを起こさないことなのです。

3　報酬請求案件や税理士懲戒処分なども

　税理士が原告となった事件もなかにはありました。業務完了後も報酬が支払われず，報酬を請求してクライアントを提訴した案件等です。報酬が支払われないということは，税理士が行った業務の内容につき，クライアントから納得が得られなかった証拠となりますので，役務の提供にあたりクライアントからの理解が得られない原因がどこにあったのかの分析が必要となります。

　また，税理士法には税理士に対する懲戒規定が設けられていて，最も重い懲戒処分は税理士業務の禁止とされています。懲戒処分がなされた場合は官報への公告がなされ，また国税庁ホームページにも処分の理由とともに掲載されます。処分の理由を見ると，自己の申告漏れ等と並んで，「故意による不真正税務書類の作成」という理由が多く記載されています。税理士はさまざまなクライアントの税務調査に立ち会いますが，クライアントが納得できる形で税務調査を決着させる一方で，申告書を作成し，またはコンサルティングを行う過程において，自身が仮装隠蔽に関与しないという信念を強く持つ必要があることも改めて認識しました。

第1章
クライアントに対する説明義務

　私たち税務の専門家は，クライアントに対して，税法の仕組みや選択しうる特例についての説明義務を負っています。特に，年々複雑さを増す消費税の仕組みについては，専門家たる税理士がクライアントにその内容を説明したうえで，複数の選択肢がある場合にはその判断をクライアントに委ねることが必要となってきます。

　しかし，説明をした・していない，またはクライアントへ情報を伝えた・伝えていない等につき，クライアントとの行き違いが生じることが多々あります。届出書の単純な提出ミスの場合には税賠訴訟になる可能性は低いと思われますが，事実関係の食い違いがポイントとなる場合は争いが避けられません。

　シミュレーションの内容やクライアントとのメールのやりとりについては，数年経っても見返したときに記憶が蘇るように保管しておくことが肝要です。

1 消費税の制度と有利不利は必ず説明を

▶東京地判平成30年5月25日（LEX/DB：25555603）〈税理士敗訴：148万円〉

1 無申告の消費税にペナルティ

　税理士に申告業務を委任しているはずなのに，消費税が無申告となっていて，ペナルティまで課された……。これは，クライアントにとってみたら，大変ショッキングな出来事ではないでしょうか。

　本件は，法人の設立に伴い記帳と税務申告書作成業務を税理士に委任した納税者が，税務調査を受けた際に，①3期目と4期目の消費税の無申告，②7期目と8期目の消費税につき本則課税制度によったほうが有利であったことを認識しつつ，7期目につき簡易課税制度選択届出書をクライアントへの説明なく提出した税理士を提訴した事件です。被告税理士は，両制度の比較については比較計算書を作成して送付した旨主張しましたが，裁判所は，上記書面の送付をもって，原告クライアントに対し消費税の課税制度の選択について説明を尽くしたとは到底認められないと判断し，被告税理士が敗訴しました。

2 消費税の制度と有利不利は必ず説明を

(1) 新設クライアントに対する消費税の説明は必須

　法人を設立し，翌月に被告税理士へ記帳と税務申告書作成業務を委任した原告クライアントに対し，被告税理士は，消費税に関する説明を行っていま

せん。被告税理士によれば、新規契約時に原告クライアントに対して交付した書類に、消費税については別途契約が必要である旨記載されているため、当初の契約には消費税申告書作成業務が含まれていないとの主張を行いました。また、税務署から消費税についてのお尋ねが原告クライアントに届き、そのお尋ねを原告クライアントから受領した場合に、消費税に関する委任と理解して業務を行った旨、尋問において説明しています。

設立したばかりの免税事業者との契約においては消費税の申告を含まずに低廉な報酬で業務を受任し、その後課税事業者となった場合に報酬の増額交渉を行う、という手法はありうるのかもしれません。しかし、消費税の申告を含まない契約を締結するのであれば、その旨契約書に明記することが必要と思われますし、当初の契約時点においてクライアントにそのことを理解してもらうべく説明を行う必要があります。法人税申告書の作成を税理士に委任する事業者が、消費税の申告書については自身で作成するということはほとんどないと思われます。被告税理士は尋問で、納税者が自分でやるのだと思っていた、と回答していますが、これは非現実的です。消費税に関し別途契約が必要で、報酬も発生するのであれば、その旨十分にクライアントに対する説明が必要になると思われます。

令和5年10月に導入されたインボイス制度は、新設事業者にとっても密接な関係があり、また十分な検討が必要となる制度です。免税事業者を選択できる事業者であっても、業務の必要性との観点で、設立第1期から課税事業者を選択する可能性もあると思われますし、経過措置を含め、インボイスの登録事業者となることのメリットやデメリットを十分に説明し、クライアントの理解を得ることが必要となります。

(2) 本則課税と簡易課税の有利不利の説明も怠らずに

本件において、被告税理士は、原告クライアントの課税売上高が1,000万円を超え、課税事業者となることが判明した時点で、本則課税と簡易課税のシミュレーション結果を原告クライアントに送付したと主張しています（原

告クライアントはこの書面が送られていないと陳述)。しかし、このシミュレーションは、本則課税と簡易課税の税額自体の差額は本則課税が20万円有利となったものの、税理士報酬が簡易課税の場合には4万円、本則課税の場合には30万円かかるため、税理士報酬を加味すると有利不利が逆転し、簡易課税が有利との結果を算出したうえで、簡易課税制度選択届出書とともに送付され、同届出書への押印を求めるものでした。

本則課税は簡易課税より手間がかかることは確かですが、税理士報酬を加味することで本則課税と簡易課税の有利不利が逆転するという話は、少なくとも筆者は他に聞いたことがありません。そのような理由でクライアントに簡易課税の選択を求めるのであれば、より詳細に制度内容等をクライアントに説明し、理解を求めることが必要と思われます。

裁判所は、仮に被告税理士がこのシミュレーションの結果を記載した書面を原告クライアントに郵送していたとしても、本則課税と簡易課税の制度内容や、簡易課税を選択した場合に2年間変更ができないことについて何らの説明を行っていないため、この書面の送付だけでは、原告クライアントに対して消費税の課税制度の選択について説明を尽くしたとは到底認められない旨判示しています。

複雑な消費税の課税制度について、納税者への詳細な説明が求められるという点については、非常に参考になる判示だと思います。

(3) コミュニケーションは郵送のみでは不十分

本件において、原告クライアントと被告税理士とのやりとりは、ほぼすべてが郵送で行われていました。原告クライアントが1か月分の証憑等を被告税理士に送付すると、被告税理士が記帳内容を原告クライアントに返送していました。毎月の税務処理については、このやりとりで特段問題は生じておらず、他の税理士に委任した経験のない原告クライアントは違和感を持っていなかったようです。しかし、税務調査が行われたことと、この調査をきっかけに原告クライアントが他の税理士に連絡したことで被告税理士の杜撰な

業務内容が発覚しました。

　税理士に委任しているクライアントに対し無申告加算税が賦課されてしまう事態は，特別の事情がない限り税理士の過失となり，税理士が損害賠償責任を負うこととなると思われます。消費税に関する税務処理や申告書作成の義務を税理士が負わない旨を明記した契約を締結していない場合には，当局からのお尋ねがクライアントに届くのを待つことなく，税理士自身からクライアントに状況の確認を求めて対応する必要があると思います。

3　インボイス時代には十分ありうる話

　本則課税と簡易課税とでどちらが有利かを検討する場合に，税理士報酬を鑑みるということは，従前はあまり聞かない話ではありましたが，インボイス制度の煩雑さを想定すると，今後は十分ありうる話のようにも思われます。

　言うまでもありませんが，簡易課税を選択すれば，課税仕入れの相手先が登録事業者か否かを確認する必要はありません。もし，会計事務所において記帳を担当している場合には，本則課税によった場合と簡易課税を選択する場合とで，作業工数が相当変わってくることと思われます。そうすると，本件でのシミュレーションにあったように，本則課税と簡易課税とで税理士報酬に差をつけたうえで，税理士報酬を加味した場合は簡易課税のほうがトータルとして有利となるように報酬を設定するという選択はありうるし，またその選択のほうがクライアントも会計事務所もともに納得できる結果になるようにも思われました。

　ただ，これらについての説明をしっかり行ったうえで，クライアントにいずれがよいかを判断してもらうことが大切です。

2 年1回の関与でも情報を得られるように

▶東京地判令和3年7月5日（LEX/DB：25589664）〈税理士勝訴〉

1 本則課税と簡易課税の選択は経営者が行うべき

　設立3期目の法人で，1期目・2期目はまだ売上高も大きくなく，第3期から事業がようやく軌道に乗ってきたなかで，税理士が有利と判断して簡易課税の選択を行ったものの，実際には本則課税のほうが有利であった――。

　本件は，簡易課税の適用を受けた原告クライアントが，簡易課税を選択せず，本則課税を適用していれば納税額が約275万円少なく済んだ等として，被告税理士を善管注意義務違反で提訴した事件です。しかし裁判所は，仮に売上高等が増大したことにより本則課税を選択していたほうが結果として有利であったとしても，単なる結果論にすぎないと判示して，原告クライアントの主張を退けました。

2 年1回の関与でも情報を得られるように

(1) 年1回関与のクライアントとこそ契約書を

　被告税理士は，原告クライアントとの関与の程度につき，毎年の決算の数字が固まった時点で連絡をもらい，それに基づき確定申告業務を行っていたにすぎないと主張しました。また，原告クライアントは，記帳業務に関しては被告税理士とは別の第三者に業務委託していました。したがって，被告税理士としては，記帳業務を受任するなど，毎月訪問等して関与するクライア

ントとは異なり，確定申告時のみ担当する税理士の善管注意義務は自ずと限定されるとの認識でした。

　本件においては，結果として勝訴はしているものの，上記の認識はリスクを伴います。記帳業務を担当していなくても，また，決算業務についても会社が担当する等により自身が担当していない場合であったとしても，担当業務は確定申告のみとしたうえで，日常業務や税務顧問業務，税務相談等は対象外であるとするなど，受任する業務を限定的に記載した契約を締結しない限り，確定申告のみを担当する税理士の義務が限定されることにはなりません。つまり，クライアントの決算内容等にも関わる広範な義務を税理士が負うべきとされる可能性は残るということになります。

　本件においては，原告クライアントと被告税理士の契約書は証拠として提出されていませんでしたので，契約自体，締結されていなかったと思われます。

　毎月関与するクライアントではなく，年に1度，決算のときのみ関与するクライアントのほうが，一般的には税理士が得られる報酬も少ないと思われますが，コミュニケーションの頻度が少ないということは，そのクライアントについて得られる情報も少ないということになります。そうすると，逆に税理士が負うリスクは高くなる傾向にあります。

　このようなクライアントとの間にこそ，契約を締結する必要があります。具体的には，税理士が受任する業務の内容や税理士が負うべき損害賠償責任の範囲を限定する契約が必要なのです。何の制限も設けずに「税務顧問業務」を受任してしまうと，本来は事業者たるクライアントが自身で判断すべきと思われる事項についてまで，税理士側が指導すべきと判断され，広範な責任を負うことになりかねません。

　本件において，被告税理士側が提出した証拠は，訴訟前の交渉段階における文書がほとんどで，担当していた当時に原告クライアントとやりとりしたものはありませんでした。もし，原告クライアントに対し本則課税と簡易課税のシミュレーションを提供したうえで原告クライアントの判断によりいず

れとするかを選択したなど，原告クライアントとのやりとりがわかる証拠があったとすれば，その証拠が本件において被告税理士側に有利に働いた可能性は高いと思われます。しかし，当時，原告クライアントへの説明内容等について残していた記録はほとんどなかったことが推測されます。

(2) 税賠保険があることが税賠訴訟の可能性を高める事態も

本件においては，原告クライアントからの内容証明において，「なお，貴殿が税理士損害賠償責任保険に加入されている場合には，同保険の利用をご検討頂ければ幸いです。」との記載がありました。

実際，税理士による本則課税と簡易課税のシミュレーションの誤りによりクライアントの過大申告を招来してしまった場合には，原則として税賠保険の適用があります。しかし，これは税理士側のミスが前提ですので，税理士がミスをしたとの認識がない場合においては，原則として税賠保険の適用はないと思われます（税賠訴訟により税理士が敗訴した場合には，保険が適用されることになる可能性が高いと思われます）。

ただ，このような事故が発覚した場合，クライアントが後任税理士等から保険の適用の可能性の示唆を受けるということは，提訴する側の税賠訴訟に対するハードルが下がっている，すなわち，税理士に対する損害賠償請求がより身近なものになっているといえるのかもしれません。サイバー保険の存在が，サイバーテロをより活発化させていると聞いたことがありますが，これと同様の悪循環が起きてしまう可能性もあり，非常に残念なことです。

なお，当然のことながら，税賠保険の適用，すなわち保険の利用を前提として業務を行うことは保険業法上も問題であり，そのようなことが発覚した場合には保険が適用されない可能性もあると思われます。

(3) 申告書と届出書の同時提出よりも情報の確度を優先して

原告クライアントは資本金1万円のため，基準期間のない第1期と第2期は免税事業者でした。その後，第3期において課税売上高が2,500万円を超

えたため，その翌々課税期間である第5期から課税事業者となることとなりました。

本件では，被告税理士は，第3期の法人税等の確定申告書の提出と同時に，第5期から適用となる課税事業者届出書と簡易課税制度選択届出書を提出しています。しかし，課税事業者届出書の提出については特段問題ないとしても，簡易課税制度選択届出書の提出時期は少し早すぎないでしょうか。

簡易課税制度選択届出書の提出期限は，当該課税期間開始の日の前日です。たとえば，原告クライアントが不動産賃貸業であり，経費として主に固定資産税や損害保険料等しか発生せず，かつ新たな不動産の購入が見込まれないような場合であれば，この時期の提出でもそれほど問題はないかもしれません。しかし，車両の陸送等という原告クライアントのような事業を営む場合には，事業を開始して間もないことも考えると，売上高や仕入れの状況などが大幅に変更となる可能性もあることから，第3期が終了した時点においては簡易課税制度が有利と思われたとしても，その後第4期の期中において状況が変更となることも十分考えられます。

そうすると，第3期の状況だけでなく，第4期の期中においてもクライアントから積極的に情報を得て課税売上高や課税仕入れ等の状況も検討したうえで，課税事業者となる第5期における本則課税と簡易課税のシミュレーションを行い，第4期の課税期間の末日の提出期限直前において，最も確度が高い情報をもとに有利不利を判断すべきと思われます。

特に，原告クライアントにおいては，第4期に飛躍的に売上高が増加して，さらに，「回送ドライバー外注費」，「回送仕入高」という，第3期までには存在しなかった課税仕入れの項目が計上されていました。「回送ドライバー外注費」として計上された業務委託費については人件費に該当するのではないかという論点があり，課税仕入れに該当するか否かを検討しなければならないという問題がありました。つまり，その勘定科目の課税仕入れ該当性についても，本件の有利不利の判断に影響を与えるため，原告クライアントからヒアリングを行い，この科目を課税仕入れとすることのリスクも含めて説

明を行い，最終的に原告クライアントに対して本則課税と簡易課税の選択に関する判断を求めるべきであったと思われます。

3　年1回関与のクライアントの依頼を安請け合いしない

　消費税に関するアドバイスの内容は，原則として関与度合いが低いとしても免責されず，税理士がクライアントに対し，シミュレーション等の情報提供と説明を行うことが望まれます。ただし，年に1度しかコンタクトをとらないクライアントに対し，上記のようなきめ細やかな役務を提供することは難しいと思われます。このような場合には，あらかじめ情報を得る時期を定めておく，または消費税についての判断はクライアントが行い，税理士側はクライアントからの依頼に応じて届出書を提出するという契約を締結しておくことが望まれます。

　委任者の経理事務のレベルとの関係で，課税状況の判断に係る義務を納税者に負わせる契約が難しいと思われる場合には，単に設備投資や事業の変更の際に税理士への連絡を義務づけるだけでなく，消費税の本則課税と簡易課税の判断に影響を与えそうな事項については，売上げ・仕入れの比率の変動や新規の課税仕入れの発生など，より詳細な事項についても税理士への報告を求めるような仕組みにしておくことが必要と思われます。

　本件では，結果的に被告税理士は勝訴していますが，本則課税と簡易課税の有利不利判断という同様の論点が争われた案件において，税理士が敗訴しているケースも少なからずありますので，留意が必要です。

　特に，年1回のみ関与するクライアントは，税務面でよほど困ったことがない限り，期中に税理士へ連絡する習慣がないと思われますので，クライアントには，報告の重要性を認識してもらうことが必要となります。なお，年1回のみの対応とする旨の契約を締結できていたとしても，業務に余裕があれば，実務的には期中で1度税理士側から連絡を行い，仕入れや売上げの状況をヒアリングすることがよいと思われます。

第1章　クライアントに対する説明義務

　このように，主に消費税の観点から考えた場合，年1回のみの関与としても差し支えないクライアントは，次のとおりとなります。

> ・毎期，売上げと仕入れが同条件・同様のクライアント
> ・本則課税しか選択肢がないクライアント
> ・簡易課税を選択することが確実に有利となるクライアント
> ・常に免税事業者となるクライアント

　上記以外の場合には，常にクライアントからの情報が得られ，かつ，クライアントの変化に対応できる体制が必要となると思われます。税理士側がとるべき体制に見合った契約が締結できていることも重要です。
　簡易課税を選択できる事業者の基準期間の課税売上高は5,000万円以下ですので，本則課税と簡易課税の選択において，納付すべき消費税額はそれほど大きな差がないことも多いと思われますが，売上高が急激に増加した場合や，設備投資等を行った場合等においては，その差額が数億円に膨れ上がる事態もありえます。年1回のみ関与するクライアントにこそ，リスクが潜んでいると考えましょう。

4　裁判官に税法を正しく理解してもらうことも必要

　ところで，本件の判決の記載は一部誤っています。
　「前提となる事実」において，「(2)　原告が平成28年8月期から消費税等の課税事業者となったこと」という見出しがありますが，平成28年8月期は課税売上高が1,000万円を超えた課税期間であるため，正しくは平成28年8月期が基準期間となる平成30年8月期から消費税等の課税事業者となりました。
　税賠訴訟の審理は，行政訴訟のみを担当する行政専門部や主に行政訴訟を担当する行政集中部ではなく，一般民事を取り扱う部が担当しますので，税法に関する知識はそれほど多くありません。

もちろん，裁判官は法曹なので，法律の検討はしっかりと行うはずですが，それでも判決にこのような誤りが生じてしまうこともあるわけです。消費税の仕組みは年々複雑になりますが，税賠訴訟においてはその消費税の仕組みを前提として税理士の判断や行動に問題がなかったかが問われることとなります。まずは，裁判官に消費税の仕組みをきちんと理解してもらえるよう，準備書面等で丁寧に説明することも必要となってくると思われます。

第1章　クライアントに対する説明義務

3　回答はシミュレーション結果をもとに

▶東京地判令和3年7月20日（LEX/DB：25600495）〈税理士敗訴：71万円〉

1　消費税のシミュレーションを行わず納税者不利に

　医療法人の税務顧問を受任する場合，関連するメディカルサービス法人（以下「MS法人」といいます）の税務顧問を併せて受任することは多いのではないでしょうか。MS法人については，医療法人グループに欠かせない存在でありつつも，その実態と医療法人への関与の仕方につき，税務調査等で問題となることも少なくないように思います。

　本件は，MS法人の消費税の課税状況につき，本来であれば簡易課税を選択することが有利となるはずのところ，簡易課税制度選択届出書の提出を失念したことで簡易課税の適用が受けられず，不利となる本則課税を強いられたことから，原告クライアントが被告税理士を提訴したものです。

　被告税理士は，簡易課税制度選択届出書の提出漏れは単純な失念ではなく，原告クライアントが今後の事業拡大を企図して事業戦略を練っていたため，その原告クライアントの状況を勘案し，本則課税のほうが有利となるはずとのシミュレーションを行った結果であると主張しました。しかしながら，原告クライアントの新規事業となりうるのはセミナー事業等であり，そのための拠点として他の場所の支払家賃が計上されることとなったものの，精緻なシミュレーションを行っていれば，やはり簡易課税のほうが有利となると思われました。

　地裁は被告税理士の責任を認め，本則課税と簡易課税との納税額の差額である71万円につき被告税理士の敗訴となり，判決は確定しました。なお，被

告税理士は，医療法人クリニックからも所得拡大促進税制（現在の賃上げ促進税制）の不適用につき提訴されており，こちらの案件については1,200万円余の敗訴で終結しています。

2 回答はシミュレーション結果をもとに

(1) 根拠のある数字をもとにシミュレーションを行う

　本来，本則課税か簡易課税かを選択するにあたっては，クライアントへのヒアリングを行い業績の見通しを受領し，今後2年間にわたるシミュレーションを行ったうえで，たとえば簡易課税のほうが○万円安くなる，または，◇◇に係る経費が発生することを前提とすると，仕入税額控除を取ることで本則課税のほうが△万円安くなる等と伝える必要があると思います。シミュレーションを行わなくとも明らかにいずれかが有利であることが当初から判明している場合は別ですが，そうでなければ，いずれが安くなるかを含めたシミュレーションの結果をクライアントに伝え，最終的にはクライアントの判断により本則課税か簡易課税を選択してもらうことが望ましいと思われます。

　逆に，クライアントに判断を行ってもらうためには，その参考情報としてのシミュレーションを求められるケースが多いので，届出書の提出期限を鑑み，それまでの間に必ず，シミュレーションに必要な材料を提供してもらう必要が生じます。

　本件においては，本則課税が有利と判断した被告税理士は，上記判断の根拠となるシミュレーション結果を証拠資料として提出できませんでした。本則課税・簡易課税の有利不利の判断にあたっては，どのような形であれ，シミュレーション結果を原告クライアントに示したうえで記録としても保存しておき，万一の事態となった際にシミュレーションの根拠を再度提示できるような状態にしておくことが望まれます。

第1章　クライアントに対する説明義務

(2) 見極めの時期はギリギリが最も正確

　簡易課税制度選択届出書の提出期限は，原則としてその課税期間の前課税期間の末日となります。前課税期間における確定申告書を提出する時期は，進行期がスタートして2か月（申告期限を延長していれば原則3か月）が経過する頃になりますので，進行期の利益や収入・費用の概算額についてはある程度の情報を得られるかもしれませんが，その時点の情報だけで消費税の課税方式に係るシミュレーションを完結することはできないと思われます。

　また，翌期において設備投資を行う場合やその他経費の内容の変更が見込まれる場合は，その事実等につき最新の情報を得ないと，古い情報でシミュレーションを行うこととなり，いずれの方式が有利かの検討が正しく行えないこととなりますので留意が必要です。

　本件においては，被告税理士は，問題となった平成29年12月期における本則課税・簡易課税の判断を，遅くとも平成28年12月末までには行うべきでしたが，平成28年12月以前の時点において，平成29年12月期に係る情報を全く入手していませんでした。そして，平成28年12月末の時点では「本則課税が有利」と判断していた，と主張したにもかかわらず，それからたった3か月後の平成29年3月に，平成28年12月期の確定申告書とともに簡易課税制度選択届出書を提出しています（さらに1年後，平成29年12月期の確定申告書と併せて，再度簡易課税制度選択届出書を提出しています。この誤りによっても，届出書管理をきちんと行えていない会計事務所の状況が露呈することとなってしまいました）。

　実際には被告税理士は，この3か月の間に申告作業を行った結果，簡易課税有利との決定的な情報を得たと思われますが，すでに平成29年12月期に係る届出書の提出期限は過ぎていました。被告税理士は，平成29年12月期においては原告クライアントの新規事業展開に伴い財務諸表の状況が大きく変わるはずであったところ，月次の数字を確認し，平成28年12月期までと状況が変わらないから，今後においては簡易課税有利との判断に変更した，と主張

していますが，これは取ってつけた理由のように思われます。実際のところは，平成29年12月期に係る届出書の提出期限が平成28年12月末であることを認識していなかったか，または，単純に提出を失念してしまったと考えるのが自然ではないでしょうか。

(3) 尋問での誤った受け答えは命取りに

被告税理士は，簡易課税制度選択届出書を提出しても，その課税期間において売上が5,000万円を超えてしまうと，簡易課税の適用ができない，と尋問の場において述べています。そして，原告クライアントの売上が5,000万円を超えそうであったため，そもそも本則課税となってしまうと考えていた，とも述べています。

これは明らかに簡易課税制度の認識についての誤りであると思われるところ（5,000万円超の判断は，正しくは基準期間の課税売上高），その後に再度上記認識について自身側の代理人から確認を求められ，届出書を提出していれば簡易課税の適用があると回答を訂正しました。

尋問の場では，緊張してしまうことから時々回答を誤ってしまうことはありうると思われます。このような誤りを防止するために，尋問の前には事前練習を何度か行うことが通常ですが，もし，事前練習が十分でなかったとしても，当日，「簡易課税を選択していても，申告事業年度の売上高が5,000万円を超えていたら簡易課税の適用がない」などと誤って回答してしまうことがあるのでしょうか。

尋問の終了の時点においては，一応発言の誤りは訂正された形となりましたが，裁判官としても，被告税理士の消費税の見識について疑念を持ったのではないかと思われます。

3 税理士業務処理簿の作成の検討を

税理士法41条（税理士法人については48条の16）によれば，税理士は，税理

第 1 章 クライアントに対する説明義務

士業務処理簿を作成して保存しなければならないこととなっています。ところで，この業務処理簿を普段からきちんと作成し保存している税理士はどの程度いるのでしょうか。税理士業務処理簿の標準様式は日本税理士会連合会のホームページで公開されていて，このフォーマットをダウンロードして使用することもできるようになっています（次頁**参考**参照）。

　被告税理士が訴訟において裁判所に提出した証拠には，何日分かの税理士業務処理簿がありました。ところが，その業務処理簿は，原告クライアントに関連する業務内容のみが記載されたものであったため，もともと作成され保管されていたものであったのか，または，訴訟で提出するにあたり，後日わざわざ遡って作成したものかが定かではありませんでした。

　業務処理簿は，税理士監理官による税理士業務に係る調査等において当局に対して提出することが求められる可能性はありますが，それを除けば当初の作成の目的は業務の記録です。したがって，どこかに提出することを意図して作成されるものではなく，あくまで内部資料にとどまります。内部資料が証拠として意味をなすのは，当初より継続して記載・記録されたことが明らかな場合であり，その継続性から，業務処理簿に記載された事実が存在していたことの確からしさが上昇することとなります。そして，当時から業務処理簿を欠かさず作成していたのであれば，そこに記載されていた内容の信用度はさらに上昇します。

　しかし，断片的に記載された内容であり，しかも原告クライアントに対するもののみが記載された業務処理簿は，たとえ当時に作成され，きちんと保管がなされていたものだとしても，証拠力が高いとまではいえません。

　したがって，業務処理簿を作成する際は，クライアントごとに1枚の作成ではなく，1日1枚，あるいは1週間1枚など，他の案件の記載も併せて行うほうが望ましいと思われます。税理士業務処理簿のフォーマットでない場合でも，当時の業務内容を継続的に記載した資料があれば，トラブルが生じた際の事実関係を明らかにするための証拠として使用できますので，何らかの形式で記録しておくことは重要だと思います。

[参考] 税理士業務処理簿

(作成期間：自： 年 月 日～至： 年 月 日)　　　　　　　　　　　　　　　　　　　　　No.1

(作成者名：　　　　　)

整理番号	業務区分	委嘱者(住所・氏名)	内容(税目等)	てん末	処理年月日	添付書面	税務代理権限証書提出日	担当税理士 社員/所属	担当税理士 氏名	備考
	代理 作成 相談	◇●会	▲▲▲	原告クライアント (医療法人)	H28年11月24日	有・無	年 月 日	社・所	×× ××	
	代理 作成 相談	◇●会	▲▲▲		H28年11月24日	有・無	年 月 日	社・所		
	代理 作成 相談	(株)W	決算 消費税申告	消費税制度説明 原則で受任	H28年11月24日	有・無	年 月 日	社・所	×× ××	
	代理 作成 相談			原告クライアント (MS法人)	年 月 日	有・無	年 月 日	社・所		
	代理 作成 相談				年 月 日	有・無	年 月 日	社・所		
	代理 作成 相談			同一クライアント (グループ) に関する記載の場合、確実に当時の記載であるかどうかが定かではない。	年 月 日	有・無	年 月 日	社・所		
	代理 作成 相談				年 月 日	有・無	年 月 日	社・所		
	代理 作成 相談				年 月 日	有・無	年 月 日	社・所		

税理士業務処理簿（法第41条及び第48条の16）

※業務区分：［代理］…税務代理、［作成］…税務書類の作成、［相談］…税務相談を指す。
(出所) 訴訟記録をもとに作成

第1章　クライアントに対する説明義務

4　申告の流れと報酬の説明は丁寧に

▶東京地判平成31年3月27日（LEX/DB：25580589）〈税理士勝訴〉

1　相続税申告書作成には修正申告書作成事務も含まれる

　税務調査が入った場合，まず，自身の報酬についてクライアントに伝える税理士はほとんどいません。クライアントへは調査の日程や準備すべき資料に関する連絡が中心となり，調査進行中においても，経過報告や追加必要資料の依頼を行うにとどまり，調査が終了して初めて報酬についての話をするケースが多いように思います。

　調査対応を受任している以上，目の前の業務遂行が最優先であるうえ，調査が終了しない限り，税理士側の業務量や貢献度が確定しないこともあるでしょう。ただ，クライアントとしては，税理士への報酬額は，税務調査の結果とともに気になるようです。

　本件の原告である税理士は，被告であるクライアントの相続税申告書の作成を受任し，数回の面談や現地調査のうえで申告書を完成させ，当局へ提出しました。ところが，税務調査が入ることとなり，数回の調査立会いを経て，修正申告書を提出することとなりました。

　当初の税理士報酬は129万6,000円で，委任契約書には，修正申告書等の作成報酬は含まないものとする旨明記されていました。原告税理士は税務調査立会いおよび修正申告書作成報酬として32万4,000円を請求したところ，被告クライアントからの支払はなく，数度の催促を経て税理士側から提訴に至ったのです。

　裁判所は，委任契約書中の委任の範囲にある「相続税の税務代理，税務相

談，税務書類作成」には修正申告書の作成事務も含まれるとしたうえで，契約書において，修正申告書等の作成報酬が含まれないものとされていることから，原告税理士の請求を認容し，被告クライアントに対し，修正申告書作成報酬の支払を命じています。

修正申告書の作成事務は，当初申告書作成にあたり締結された契約において委任事務とされていた一方で，作成報酬については当初の報酬額に含まれているか否かが不明瞭であった点が，クライアントとの認識の違いを招く原因だったのではないかと思います。

2　申告の流れと報酬の説明は丁寧に

(1)　受任範囲の説明を丁寧に

本件の顛末を当然のことと思った先生方は多いでしょう。ただ，本件の発生の理由として，相続税申告の流れに関して，原告税理士側の説明が若干不足していたことが考えられます。

相続税の申告は一般の人には無縁です。令和3年に亡くなった方のうち，相続税がかかった割合は約9.3％，相続税の納税者数は34万人程度です（「国税庁レポート2023」64頁参照）。クライアントである相続人には，そもそも相続税の申告が必要なだけでかなりレアケースであることを認識していただく必要があります。

そして，相続税の申告のうち，約19％が何らかの税務調査（簡易な調査を含みます）を受け，実地調査のうち約85.8％で申告漏れを指摘されている（国税庁「令和4事務年度における相続税の調査等の状況」令和5年12月）という事実から，一般の法人や個人の確定申告に比べ，税務調査が入りやすいこと，また，（親や配偶者という）他人に関する申告であるため，相続財産を完璧に把握することは難しく，したがって修正申告となることも稀ではないことを理解してもらう必要があるのです。

第1章 クライアントに対する説明義務

　さらに、相続税のクライアントは、毎年税理士に申告業務を依頼する法人の経理担当者や個人事業主ではなく、一般の人であり、また、相続税の申告を行うこと自体初めての人がほとんどです。そのため、受任する際には、相続財産の範囲や相続税の仕組みから、適用可能となる税額控除や特例の種類、そして配偶者居住権など、基本的なところから最近の改正を踏まえた制度まで、わかりやすく説明をすることも重要です。

　そして、相続発生後の税務イベントのシミュレーションにおいては、税務調査やその後の修正申告まで含めた説明を行うことで、相続人の心の準備の手助けをしておきましょう。

(2) 報酬体系もあらかじめ説明を

　最近は、税理士とクライアントが1度も面会せず、相続税の申告をインターネットで受任するケースも増えてきました。インターネット経由で委任したクライアントの理由としては、対面では伝えにくい報酬金額につき、計算方法の詳細がホームページに明記されていたことなどが挙げられています。

　難しい説明はあまり聞きたくないクライアントであっても、自身が支払うべき報酬には敏感です。そのため、クライアントと契約を交わす際には、単に契約書へのサインを求めるのではなく、たとえ難しい用語が出てくるとしても、主な条項、特に資料収集に関するクライアントの義務や税務調査・修正申告の場合には税理士報酬が別途発生することなどについて、きちんと説明しておく必要があります。

　相続人と税理士との関係においては、「サインをしているのだから読んで理解しているはず」という、事業者間での常識が通用しないこともありうることを肝に銘じておきましょう。

　修正申告書の報酬を当初の報酬に含むのは難しいと思いますが、税務調査や修正申告の可能性が一般的にどの程度あり、その際の報酬の平均額はどの程度かなどについて当初から伝えていれば、認識の齟齬は起きにくいと思います。

(3) 契約書は２通作成して両者保管が望ましい

　本件においては，委任契約書は１通のみ作成し，原本を被告クライアントが，写しを原告税理士が所有することとされていました。税理士は預り資料の返却時に，両者押印済の契約書原本を被告クライアントに送付していますが，裁判では被告クライアントは送付された事実を否認しました。

　裁判所は契約書の存在を認定していますが，自身の手元に写ししかない場合と原本がある場合とでは裁判官の心証も異なりますので，契約書は省略せず２通作成しておいたほうがよいと思います。

3　細かな行き違いは真摯な態度で挽回を

　税賠事件においては，元クライアントから，かなり攻撃的な書面が提出されることがあります。本件においても，被告クライアント側の書面には，３か月で申告書が完成するとの説明を受けたものの業務に着手したのがようやく３か月後であった，打ち合わせや現地での待ち合わせには原告税理士は必ず遅刻したなどの記載があります。

　これらの記載は，すべてが根拠のないものである可能性もありますし，本件では裁判の結果には影響していません。ただ，税理士としては，クライアントに作業完了の希望時期を確認するとともに，もし資料がすべて揃っていても，他案件の申告期限との関係ですぐに作業に入れない可能性があることなどを説明し，了解を得ておくことが望ましいと思います。

　原告税理士は勝訴してはいるものの，被告クライアントへもう少し真摯な態度をとっておけば，修正申告の報酬も問題なく支払われ，訴訟自体起きなかったのではないかと思われる事案でした。

第1章 クライアントに対する説明義務

5 所内確認の前に不確実な言及をしない

▶東京高判令和3年9月29日（LEX/DB：25591781）〈税理士敗訴：95万円〉
▶東京地判令和2年3月2日（LEX/DB：25584250）〈税理士敗訴：30万円〉

1 課税事業者選択届出書の提出を失念し還付が不能に

　税理士に消費税の還付申告を依頼したのに，肝心の還付が受けられないとわかったらどうでしょうか。しかも，「大切な届出書の提出が漏れていることがよくあるので，弊社でチェックします」と言われ，また，心配だったので，「消費税の還付も含まれていますか？」と何度も確認したのに……。

　本件は，設立第1期の決算期末の半月ほど前に会計ソフト会社の税理士紹介サービスに申し込んだクライアントが，ソフト会社から紹介を受けた税理士事務所に必要な資料を提出し，消費税を含む申告書作成の委任契約を締結したところ，いったんは105万円が還付される消費税の申告書が提出されたものの，課税事業者選択届出書が決算期末までに提出されていなかったことから，消費税の還付が受けられないことが判明した事案です。

　クライアントは税理士会に対して紛議調停の申立てをしたものの不調に終わり，逆にミスをした税理士事務所側から，損害賠償義務の不存在と慰謝料を求めて提訴されました。クライアントは還付を受けられるはずだった消費税額を損害額として反訴したところ，地裁，高裁ともに，税理士の責任が認定されました。事務所の担当職員とクライアントの間のメールにおいてクライアントが消費税の還付申告を依頼したことは明らかであるにもかかわらず，税理士側が課税事業者選択届出書の提出がされているかの確認を怠ったことから消費税の還付を受けられなかったとの認定でしたが，還付税額について

39

は，地裁と高裁で認定が異なりました。

　地裁においては証憑類の一部のみが提出されたため，仕入税額控除が可能と判断された額が少なく，税理士の敗訴額は約30万円でしたが，高裁においては，クライアントが保存していた請求書等のほぼすべてが提出されたことから，仕入税額控除可能額が増加し，税理士の敗訴額も増加して，約95万円の支払義務が認められました。

2　所内確認の前に不確実な言及をしない

(1)　新規クライアントの状況を確認してから受任を

　本件のクライアントは，会計ソフトへの記帳を自身で行っていましたが，消費税の還付が受けられそうと判明すると，そこまでは独力では対応できないと判断し，税理士へ依頼することを決意しました。

　税理士紹介サービスへの依頼を行ったのが決算の約半月前ですから，依頼のタイミングとしては比較的遅いものの，課税事業者選択届出書の提出にはギリギリ間に合う日程でした。本件の税理士は，クライアントの資料の提出が遅かったために対応ができなかったと主張していますが，もし受任の時点で遅すぎると認識しているなら，まずは受任しないという選択肢がありえたと思われますし，受任するとしても，対応が可能なことと不可能なことをそれぞれ説明することが望まれました。

　もし，消費税の還付申告の受任がタイミング的に難しいのであれば，リスクをとらずに受任を断る，または課税事業者選択届出書の提出にあたりシミュレーションは行えない旨伝えるなど，得られる報酬と負うリスクを考慮に入れて判断を行うことが望まれます。

(2)　テンプレートはカスタマイズして使用せよ

　本件のクライアントへのメールは，新規顧客に対するメールのテンプレー

トを使用して送信されたとのことです。テンプレートを複数作成しておくと，類似のケースにおいて大変便利ですし，時間の短縮にもなりますが，送信前に内容の確認を行わないと，クライアントに適合しない内容を送信してしまうリスクがあります。

　当たり前ですが，テンプレートを使用していた場合に，そのメールに記載された内容が，実際にはクライアントに送信すべき適切な内容でなかったとしても，テンプレートを使用していたことを理由に免責されることはありません。

　メールは記録に残るため，クライアントとのトラブルにおいては基本的には有利な証拠となるのですが，間違った情報を送信してしまうと，逆に自身にとって不利な証拠が残ることとなります。メール送信後にも再度内容を確認し，誤ったことを伝えていた場合にはすぐに訂正することが望ましいと思います。

(3)　消費税還付申告の受任は届出書の確認とセットで

　消費税の届出書の提出失念は，税賠事故のなかでも非常に多いものです。提出失念の背後にはさまざまな理由がありますが，チェックシートの使用と複数人による確認で，ミスを相当程度減らすことができます。

　本件の事務所の担当職員は，クライアントからの消費税の還付申告が契約に含まれているかという問い合わせに対し，同日中に，含まれている旨を回答しています。しかし，このやりとりの間に，事務所内で，消費税の課税状況のチェックや上長などの確認を経た形跡は，少なくとも判決や裁判記録を見る限りありません。

　1期目から課税事業者となる要件に該当しない場合，期末までに課税事業者選択届出書の提出がなければ消費税の還付を受けられないことは，業界の人間にとっては当たり前です。しかし，経験が長い職員や有資格者でもうっかり確認を失念することはありうるため，消費税の課税状況をチェックシートで期末までに確かめて上長の確認を得るというルーティンを実施すること

が必要と思われます。

　本件では，契約が締結された時期が決算期末の11日前だったため，クライアントリストへの登録などの時間も考えると非常に慌ただしい状況ではありましたが，それでも提出状況などを確認したうえで課税事業者選択届出書を作成し提出することが不可能ではありませんでした。期限間際の時こそ，基本的な確認を怠らないことの重要性を改めて感じた事案でした。

3　担当職員に任せすぎは税理士にWのリスク

　本件では，事務所の職員が，税理士の確認を経ずにクライアントへの回答を行い，結果的にその内容が誤っていましたが，無資格者が回答を行う場合，内容が不正確であるリスクに加え，税理士法に違反するリスクも生じます。

　すなわち，事務所の職員は，税理士の確認のもと，クライアントに税務相談への回答や税務指導を行うこととなりますが，その過程に税理士の関与がないと，無資格者による回答や指導とみなされる可能性があります。特に，本件のように紛議調停に持ち込まれる案件では，ミスの内容のみならず，税理士法違反の有無を厳しく判断される可能性もありますので，注意が必要です。

第1章　クライアントに対する説明義務

6　事実関係は対象者全員へヒアリングを

▶東京高判令和3年4月14日（判例集未登載）〈税理士敗訴：26万円〉
▶横浜地判令和2年6月12日（判例集未登載）〈税理士勝訴〉

1　費消されたリフォーム代金を預け金として相続財産に

　被相続人である親の財産を，相続人である子のうちの1人Aが，他のきょうだいが知らない間にすでに費消している場合には，事実関係から考えると過去の贈与税の期限後申告を行うのが最も妥当と思われます。本件では，被相続人の財産から，Aの夫名義の自宅のリフォーム代に充てられた金員（以下「本件金員」といいます）につき，過去の贈与税の申告ではなく，「預け金」として相続財産に計上することを選択した処理についての妥当性が問われました。
　申告を担当した被告税理士は，Aに対し，①贈与税の申告をする，②相続財産として計上する，③何もしない（＝被相続人が費消した）のいずれを選択するかを確認したところ，Aは，②相続財産として計上することを選択しました。
　相続財産として計上する場合は，相続財産の総額が増加することとなるため，他の相続人が負担する相続税にも影響がありますが，その点について，税理士はすべての相続人からの了承を得ずに申告書を提出してしまいました。この結果に納得できなかった他の相続人のうちの1人Bは，預け金の返還を求めてAに対する民事訴訟を提起しましたが，相続財産として存在していた事実は認められないとしてBは敗訴しました。この民事訴訟の敗訴判決を受けて，Bは被告税理士を提訴し，地裁では被告税理士の説明義務違反は認め

43

られずにBが敗訴しましたが、本件金員が相続財産に含まれないとする相続税の更正の請求をしたものの減額更正はなされませんでした。この結果を受けて、最終的に高裁では、この処理を行った被告税理士が敗訴しました。

2 事実関係は対象者全員へヒアリングを

(1) 相続税の基本的な説明を丁寧に

相続税の計算の仕組みは、他の税目に比べ、若干複雑といえるのではないでしょうか。法人税は、損金算入において別段の定め等が存在するものの、益金から損金を控除した課税所得に対して法人税率を乗じることで法人税額が計算されるという計算自体はシンプルと思われます。所得税については、所得区分が多いことによる複雑さや総合課税・分離課税などによる税率の差異等もあり、やや複雑な印象があるようにも思いますが、原則として、所得に対し累進税率等を乗じることで課税がなされることはわかりやすいように思います。

しかし相続税は、相続財産全体に対して累進税率を単純に乗じるわけではなく、いったん法定相続分で取得した場合の税額を算出し、その税額を合計したうえで各相続人が実際に取得した相続財産分に応じて按分して税負担額が計算されます。計算の仕方になじみがある私たち税理士にとっては当然と思うことであっても、多くの相続人にはわかりにくいと思われます。

また、本来であれば、相続財産全体が増えたとしたら、各相続人が取得する相続財産も増えることになるでしょう。もし1,500万円のタンス預金が発見され、3人の相続人で均等に分けることになれば、1人当たり500万円分、取得する相続財産が増えることになるため、その分に応じて納税額が増えても文句はないでしょう。

しかし、今回のケースは、Bら（A以外の）相続人にとっては、自身の取得した相続財産が増えるわけでもないのに、納税額だけ増える、すなわち、

自身の相続財産の相続割合が減る（遺産分割において損をしている）という不利な事象となります。このことを被告税理士が他の相続人に説明し理解してもらう役割を担ったとしたら，より多くの時間を割いて他の相続人への説明の時間を設ける必要があったように思われます。本件では，もしかしたら「相続財産への加算」を選択したAすら，他の相続人の納税額が増加してしまうことを理解していなかったのかもしれません。

(2) 他の相続人に及ぶ不利益も説明を

相続人らは，相続税に関する知識が十分ではないため，専門家である税理士に相続税の申告の依頼をしています。そして，相続税の申告というイベントは，一生に1度か2度程度しか経験しない事象です。親戚同士の仲が良くない場合など，親族が一堂に会した場所でスムーズに分割が確定する場合は少ないかもしれません。Aは，リフォーム代金について，支出当時に正しくない処理をしてしまったということを気にしているかもしれません。このようななかで，AやA以外の相続人に対する説明の時間を十分に取らなかったことが，このような問題が生じるきっかけとなったといえるのではないでしょうか。

被告税理士としては，不利益変更となるということを，Aに対してだけでなく当然Bをはじめとする他の相続人にも説明する必要があった，そして，預け金を相続財産にプラスする前に他の相続人への説明が済んでいたとしても，再度Aを含めて説明の機会を設けて，Aが行おうとしている相続税申告の内容について相続人全員に話をすべきだったと思われます。

もし相続人が1人だけだったとしたら，納税額に影響があるのはその相続人が支払う相続税・贈与税だけとなり，Aの判断が他に影響を及ぼすことはありませんでした。

しかし，本件の場合，他の相続人としては，相続財産が増加する事情の真相を知ったとき，到底納得できないと思われます。他の相続人には知らせていなかったものの被相続人の相続財産が別途あり，Aが相続するよう言われ

ていた等という事情であれば，他の相続人はＡだけ優遇されていた事情を訝しく思ったり，その財産も相続人で均等に分割すべきと主張したりするかもしれませんが，最終的には被相続人の意向であれば仕方のないことと受け入れざるを得ないと思われます。しかし，本件のように過去における贈与であることが明らかであるような場合には，自身の相続税が増加する対応を到底了承しないでしょう。

このように，相続財産の総額に影響を及ぼす事情をある相続人から聞いた場合には，税理士としては，預け金として相続財産に含めることや，相続財産に含めないことによる弊害を併せて説明し，過去の贈与税の申告を行うこととした場合を除き，他の相続人の了承を得る必要があることまで伝えなければならないと思われます。

預け金として相続財産に含めれば，相続財産が増加し，他の相続人の支払うべき相続税も増加することとなりますし，相続財産に含めなかったとしても，それが原因で相続税の調査が行われたような場合には，他の相続人にも不利益が及ぶ可能性があると思われるためです。

(3) 事実関係から推察される最も正しい申告を行うアドバイスを

相続財産に含めることを選択したＡは，期限後の贈与税の申告を行って，相続税とは別途，贈与税の納税を行わなければならないことへの抵抗感があったと思います。そうだとすると，被告税理士がこの選択肢をＡに対して示した際の説明が圧倒的に不足していたと思われます。

今般の事情に鑑みると，リフォームが行われた時に，被相続人からＡの夫に対し，リフォーム代相当額の贈与が行われたとみることが妥当ではないかと考えられます。Ａから話を聞いた時にこの正解が導かれたとしたら，それが正解だと思う旨を，正直にクライアントに伝えることが正しいのではないでしょうか。

その正直なアドバイスを伝えずに３択を示せば，クライアントは，その３択のいずれを取ることも妥当と考えてしまうのではないかと思います。その

ようなミスリードが，結果として被告税理士に対する損害賠償請求につながったのではないかと考えます。

3　更正の請求で解決できない可能性も伝えるべし

　本件では，BはAに対し，預け金の返還を求めて民事訴訟を提起し，敗訴していますが，その事実をもとに，本件金員が相続財産に含まれないとして行った更正の請求も認められていません。

　相続人間の争いがあった場合には，相続人の一方が修正申告，他方が更正の請求を行うことで解決することが多いと思われます。しかし，上記のような争いの場合には，そもそも更正の請求が認められないケースがあり，Bにとっては，被告税理士を提訴して自身の主張が認められなければ，自身の納税の増加分についての取戻しが不可能だったことになります。

　単なる分割内容のトラブルとは異なり，相続税の取戻しが不可能になるおそれがあることについても当初からAらに説明し，対応を再検討してもらう必要があったと思われます。

Column | インボイス制度

　インボイス制度が導入されたことで，決算時の私たちの手間も増えました。特に記帳から受任しているクライアントの場合には，適格請求書に該当するか否かの確認など，記帳担当者の作業工数も間違いなく増加するので，クライアントへは報酬アップを依頼する必要がありそうです。

　いくつかの税理士法人へ報酬増額についての対応をお聞きしたところ，このタイミングで全クライアントへ報酬増額を依頼したとのことでした。さまざまなモノが値上がりしていることもあり，「仕方ないですね」と受け入れていただける先がほとんどとのこと。もしまだ報酬増額の話をできていない先生がいらっしゃったら，ぜひ勇気を持ってクライアントに依頼してみてください。

　筆者が担当した法人の決算では，80％控除分の消費税の集計表が新たに追加されていることになるほどと思いましたが，取引先である免税事業者は限られていることもあり，覚悟していたほど負担感の増加はありませんでした。しかし，少額特例が使えない事業者の場合には，税額の影響額は限定的であるにもかかわらずインボイスの確認作業に追われるなど，やはり導入前と比較すると所要時間は増加したように思います。80％控除と50％控除が混在する事業年度には処理がもっと煩雑になりそうです。インボイス導入を機に課税事業者となった事業者に対する特例措置への検討も必要となりますので，有利不利の選択など，額はそれほど大きくないものの消費税のトラブル自体はより増加しそうな気配に思われます。

　ところで，このインボイス制度，外国人には不評のようで……。もともと請求書の訳はインボイスなのに，インボイスのなかに，インボイスに該当するインボイスとインボイスではないインボイスとが存在する？？　一部仕入税額控除ができない？？　もともとインボイス制度が整っていた海外の会社にとっては，玉虫色のような日本の制度はとても理解しにくいようです。

第2章
クライアントとの関係性・受任範囲

　税理士はクライアントとその社長の一番近くにいる専門家であることから，クライアントから，M&Aのサポート，補助金の申請補助など，さまざまな業務を依頼されることがあります。また，相続の場面では，相続人間のまとめ役として遺産分割協議を主導する場合もあるかもしれません。信頼して任せてもらえるのはとてもありがたいことですが，それがきっかけでトラブルになることも……。
　本来の業務範囲を超えた「頼まれごと」にはリスクが伴うことを理解すべきです。

1　M&Aへの関与は別途契約を締結して

▶未公表案件から一部改変

1　未払残業代の有無でクライアントとともに提訴される

　一昔前までは，M&Aは，一部の上場企業等のみが関係するようなものでしたが，事業承継が切実な問題として叫ばれるなかで，中小企業にとっても，M&Aがその1つの解決策かつ有力な選択肢として，それほど珍しくない世の中に変化してきました。

　自身のクライアントがM&Aの売主となったことで，M&Aに関わることとなった被告税理士は，クライアントに依頼されて，M&Aの仲介業者との打ち合わせや買主候補との打ち合わせにもたびたび出席し，必要資料の提示に応じるなど，売主となったクライアントとのM&Aに関わる直接の契約はないものの，クライアントをサポートする立場でM&Aに関与していました。

　買主は，売主に対するデューデリジェンス（以下「DD」といいます）を省略してM&Aの成立を急ぎました。その後，M&Aの成立に伴い，顧問契約が終了となった際，被告税理士は今後顧問料が受領できなくなることも考慮し，特段契約書等を作成することなく，「M&Aに伴うコンサルティング報酬」として150万円の請求書を作成し，報酬を受領しました。

　その後，M&Aの成立から1年ほど経過して，買主は，売主の表明保証違反（未払残業代）があるとして，売主となったクライアントとクライアントの顧問税理士であった被告税理士を提訴しました。被告税理士は，売主となったクライアントの財務諸表を正しく作成していなかったことによる不法行為責任を問われたのです。

第2章　クライアントとの関係性・受任範囲

クライアントとしては，未払残業代は存在しないという立場を採らざるを得ませんでしたが，裁判所としては，一定程度の未払残業代はあったとする認識を持ったうえで本件を和解にて終結させようという意向が強く，最終的には，売主となったクライアント側がいくらかを支払うこと，また，被告税理士側は受領したコンサルティング報酬分に相当する金額を買主に対して支払うこと等で和解が成立しました。

2　M&Aへの関与は別途契約を締結して

(1)　税務顧問契約でM&Aのサポート業務はカバーできない

　本件においては，売主となったクライアントの顧問税理士であった被告税理士は，着手時点において特段報酬額について協議することなく，また，契約も締結せずに，税務顧問の延長としてクライアントのM&Aのサポート業務を行っていました。

　しかし，M&Aにおいて生じうる論点は，税務顧問のそれとは大幅に異なります。M&Aにおける売主のアドバイザーを務める場合には，売買における価格の妥当性や売主が有するリスクについての検討を行う必要がありますし，買主候補先が最善の候補なのか否か等についても検討しなければなりません。もし，クライアントが税理士に対し，アドバイザーとなることまで求めていなかったとしても，立場を明確にせずにサポートを行う場合には，税理士側のリスクは排除できません。

　このような場合には，M&A業務に係る契約を別途締結し，税理士の担う業務を明記すること，そして，責任の所在を明確化するために，報酬についても，その契約において定めることが望まれます。もしクライアントが，税理士がM&Aに関与することを希望していないのであれば，税務顧問契約においてはM&A関連業務は受任業務の範囲外であること等を明らかにした覚書を，念のため交わしておくとよいでしょう。そして，もし税務顧問の範囲

51

内でサポートを行う場合には，どのようなサポートを行ったか詳細にメモを取るなどして，万一売主が提訴されてしまった際に巻き込まれないよう留意すべきでしょう。

このように，M&Aに積極的に関与しない場合であっても，売主となったクライアントとともに提訴され，共同被告となるリスクがあること，また，税務申告等を行った時点において認識していない費用やリスク等につき，認識していたはずと主張された場合の対処の方法については，所内でも検討しておく必要があると思われます。

(2) 税理士が作成する財務諸表は一定の前提をもとにしている

税理士は，税務申告書の提出の際にクライアントの決算書を添付しますが，税務申告書の作成のみを受任している一定規模の法人でない限り，その決算書の作成にも関与することが多いと思われます。中小企業において，税理士が作成した決算書は，金融機関や公的機関等へ提出しますが，M&Aの対象会社となる場合には，候補相手先へも提出することになるでしょう。

しかし，これらの決算書は，あくまでも正しく税務申告を行うという目的のために，税理士がクライアントへのヒアリング等を行い，受領した資料やインタビュー等を前提として作成されたものであって，全方位的に正しい決算書とは言えないことに留意すべきです。

したがって，契約書等において，税理士が作成する決算書は，税務当局に提出することを予定して作成する税務ベースの決算書である旨をコメントしておくことが望ましいと思われます。また，クライアントからM&Aの相手先に決算書を提出する旨を聞いた際には，DD等の結果とは異なる可能性があることを付言することがよいでしょう。

(3) 簿外資産・負債はないとの確認をクライアントから得よ

本件で問題となった未払残業代は，クライアント自身がその存在を認識していなかったと思われます。そうなると，被告税理士としてもその存在を認

識する術はなく，税務申告書の作成という目的に沿って今まで作成されてきた決算書は誤っていなかったと思われます。

もしクライアントも認識しているような未払残業代があったとすると，そのことを認識しつつ，あえて未払残業代を簿外債務とした決算書を作成する理由は被告税理士にはありません。そのため，クライアントからは，未払残業代は存在しないとの回答を得ていた可能性が高いと思われます。

一方で，クライアントから未払残業代に関する情報を得ていなかったことの証明というのは非常に難しく，普段の業務の流れや月次での受領資料，申告書作成時に受領したすべての資料等を提出し，これらに記載がなかったため把握していなかった，との主張を行う必要があります。

この事態を防止するためには，あらかじめクライアントからいくつかのチェック項目についてYes・Noの回答を得ておくことがよいと思われます。そのなかに，「クライアントが作成した合計残高試算表・クライアントが提出した売上や仕入れ等に係る資料以外の簿外資産・負債は存在しない。」との項目を設け，「Yes」と回答してもらうのです。そうすることで，未払残業代についてはクライアントから「ない」と聞いていたため，負債としては計上していないと立証することが可能となります。

3 M&Aのリスクを伝えることも重要

M&Aの際には買主側が入念なDDを行い，買収対象会社に問題がないことを確認したうえで価格交渉が行われるのが一般的ですが，DDには費用を要し，また時間もかかることから，これらのステップを省略して契約に至る場合もあるようです。

DDを行わないということは，買主側としてはリスクを負うことになりますが，そのリスクを売買契約書の表明保証条項に盛り込むことで，自身が負うべきリスクを売主側に転換できます。すなわち，クロージング後に何らかの問題が生じた場合に，その問題がDDを実施しなかったために購入前には

発覚しなかった問題であったとしても，表明保証違反として売主に対して損害賠償を請求できてしまうことになります。したがって，売主側としては，自身が全く責任を負わずに売却することは難しいとしても，隠れたリスクをすべて売主側の負担とした契約を締結することは不利であることを理解する必要があります。

　このように，クライアントがDDを受けることなく売主となる場合には，上記のリスクがあることについてクライアントへ伝えておくことが望ましいと思います。また，クライアントが買主となる場合においても，DDの省略が望ましくないことを伝えるべきと思います。多額の費用がかかることが想定されるM&Aにおいて，買主にはなるべく費用を抑えたいという意向があるかもしれませんが，取引成立後に後悔することのないよう，対象会社の実態はきちんと把握しておくことが望まれます。

2 受託業務の範囲を明確に

▶未公表案件から一部改変

1 依頼された補助金の申請期限の徒過に気づく

　補助金の申請を顧問税理士に依頼したつもりが，顧問税理士から申請期限が過ぎてしまったとの連絡が……。まさかと思うものの，期限を過ぎてしまうと申請自体が不能となるため，当然に補助金は受領できなくなってしまいます。

　本件では，税理士法人の担当税理士は，補助金に関する情報提供を行い，○○県の補助金が受給可能であることをクライアントの代表者に伝えました。クライアントの代表者は，そのアドバイスを受けて，補助金の申請を行いたいと税理士法人へ伝えました。その補助金の申請には，直近2年分の確定申告書のほか，いくつかの書類が必要とされていたため，税理士法人は，確定申告書のほか，税理士法人側で準備可能な書類を整え，クライアントへ手交しました。その他にも必要とされる書類があったことから，クライアントと担当税理士の間でやりとりしながら準備を進めていましたが，ふと気づいた時には，その補助金の申請期限は過ぎてしまっていました。

　クライアントは補助金の受給の要件は満たしていたので，期限までに申請が完了していれば補助金を確実に受領できたはずでした。

　その後，クライアントが受給不能となった補助金の金額について，クライアントから，税理士法人において負担してほしいと口頭での申出がありました。税理士法人は，内部で検討したうえで，金額が80万円と多額ではなかったことにも鑑み，クライアントとの今後の関係性を重視して自社で負担する

こととし，クライアントへの賠償を行い事件が終結しました。

2　受託業務の範囲を明確に

(1)　受託業務の該当性について双方で確認を

　新型コロナウイルス感染症等の影響が大きかった令和2年から令和4年頃には，さまざまな業種に対応した，多くの補助金の申請が受け付けられていました。現在は関連する補助金はほぼ終了しましたが，各省庁のウェブサイト等を見ると，物価高騰対策，環境・省エネや経営改善など，今日も種々の補助金が紹介されています。数多くの補助金の手続について，その申請期限まですべてを把握することは難しいと思います。

　税理士としても，クライアントの役に立つ情報はなるべく多く提供できることが望ましいですが，補助金の申請自体は税理士業務には該当しないことから，クライアントに対しては申請受付中の補助金等に関する情報のみ提供するというスタンスを採り，申請業務そのものについては，クライアント自身の判断に委ねることが多いと思われます。

　一方で実務上は，補助金等の申請にあたり，確定申告書等の提出が求められることが多いことから，実際にクライアントが申請を行う場合であっても，必要な書類の準備など，クライアントが自身で対応するべき手続の一部を顧問税理士が代わりに行うケースも多く見受けられます。担当税理士が補助金に関する情報を得てクライアントにアナウンスした場合には，クライアントとしては，その後の申請業務について当然に税理士側に対応してもらえるものと思うでしょう。しかし，これらは税理士業務には該当しないため，本来であれば，顧問契約の範囲内で顧問税理士が受任する業務には含まれないことになります。

　このようなケースにおいて税理士側がサポート業務を行う場合には，一義的にはクライアント自身が対応すべきことについて，税理士の側から積極的

に伝えておく必要があると思われます。

　たとえば、その補助金の申請期限を明記し、また税理士としては申請業務に関するサポートを行うとする書面を渡したうえで、申請の主体がクライアントであること、またはクライアントの責任のもとで申請業務を行う必要がある旨を記載した書面を取り交わしておくことで、クライアントに対して、あくまでもクライアント自身が申請期限を認識したうえで補助金の申請を行わなければならないことが明確化されることとなります。

(2) 申請業務を受託する場合は期日管理を確実に

　一方で、上記のように顧問業務の範囲内で対応するわけではなく、補助金の申請業務につき、報酬を受領して行うこともあるでしょう。このような場合には、業務を有償で受任することとなるため、期日管理を確実に行う必要が生じます。

　通常の申告書や届出書の期日管理にあたっては、漏れが生じにくいような体制が採られていると思います。一方で、スポットで受任した補助金の申請については、受任した担当税理士以外はその存在を認識していない場合もありうるため、業務を受任したとしても、きっちりとした期日管理が行われないまま期限を迎えることもあるかもしれません。

　本件では、クライアントのサポートについては、担当税理士が1名で行っていたようです。そのため、事務所レベルでの期日管理は行われていませんでした。会計事務所において、期限までに提出が必須な申告書や届出書等については、当然厳格な期日管理のもとでダブルチェックが行われていると思いますが、本件では、そのような管理等がなく、気づいたら期限が過ぎてしまっていました。

　業務を受任したうえで申請期限を徒過してしまった場合には、善管注意義務違反を問われる可能性が高いと思われますので、確実な管理を行えるよう、事務所の体制を整えてください。

(3) 他の資格の独占業務に該当しないことの確認も

　補助金の申請業務を受任する場合には，別の問題が生じるおそれもあります。

　税理士業務以外について，官公署に提出する書類の作成を代理で行うことができるのは，一般的には行政書士です。そのため，官公署に提出する書類の作成自体を代理で行う場合には，税理士ではなく，行政書士が受任する契約となっているかの確認が必要と思われます。

　また，直接には官公署に提出する書類の作成を受任せず，情報提供一般等についてコンサルティングを行う場合もあるかもしれません。そのような際は，受任業務が各資格の独占業務に該当しないことを十分確認したうえで行うこととなるでしょう。あくまでも申請業務に関するサポート業務を受任するとして，官公署に提出する書類の作成自体はクライアントの業務であると整理してリスクヘッジを図る方法もあるかと思います。

3　申請期限までに必要書類が揃っている必要がない場合も

　補助金申請にあたっては，すべての書類が申請期限までに確実に必要なのかどうかについてもあらかじめ確認しておくことが望まれます。書類がすべて問題なく整い，期限までに提出できるに越したことはありませんが，もしそうではない場合，見切り発車的にとりあえず「申請」だけは行っておくという方法もあります。

　期限に間に合わない限り申請は受理されず，期限を徒過すると補助金の受給は不能となりますが，いったん申請があった場合には，不備があった書類について修正や補完等を求められる可能性はあるものの，申請自体が取り消されたりなかったものとされたりする可能性は低いと思われるためです。期限に間に合わないと思われる場合でも，申請を諦めることなく，その補助金の事務局に対して追って書類を提出することで要件を満たせるかどうか，確

認をしたほうがよいと思われます。

　更正の請求や不服申立て等の場合にも同様のことがいえます。これらの期限は法定されているので，これを1日でも過ぎると手続自体が行えないこととなるものの，これらの請求の理由や当該理由を説明する根拠資料については，（早めに提出するよう当局から催促されますが，）後に書面を提出して補完する形でも，請求手続を行ったという事実が否定される等の事態は生じないと思われます。

　当初申告要件がある優遇税制等について，添付しなければならない別表等を添付せずに申告書を提出した場合には，たとえその後別表等を提出したとしてもその優遇税制の適用は受けられなくなりますが，上記手続はこれらとは異なりますので，取り急ぎ「申請」を最優先させる必要があることを認識いただければと思います。

3 遺産分割協議には深く関わりすぎない

▶東京高判令和3年6月3日（判例集未登載）〈税理士勝訴〉
▶東京地判令和2年12月3日（LEX/DB：25587120）〈税理士勝訴〉

1 分割結果に納得しない相続人トラブルに巻き込まれる

　相続税申告を受任する場合，遺産分割協議書の作成を手伝う機会は相当程度あると思われます。しかし，相続人全員が協議内容に納得していないときには，業務を受任する税理士には一定程度のリスクがあります。

　本件は，相続人間で争いがある場合において，協議を主導した相続人である長男に依頼されて遺産分割協議書を作成し，その協議書に基づき相続人である二男に対し，長男が取得した相続財産と相続税の説明を行ったところ，分割内容に不満を持つ二男が，遺産分割は錯誤無効と主張して長男と被相続人の養子となった長男の妻を提訴しただけでなく，遺産分割協議を「主導」した被告税理士に対しても損害賠償請求を行った事件です。

　原告相続人（二男）は，被告税理士には説明義務違反の不法行為が成立するとして，弁護士費用相当額の50万円の損害賠償を求め，また長男夫婦に対する遺産分割協議の無効の判断が得られなかった場合の予備的主張として，5,400万円を相続できたはずなのに1,600万円しか相続できなかったと主張し，損害は1,000万円を下らないとして，被告税理士に1,000万円の損害賠償を請求しました。地裁と高裁はいずれも認めず，被告税理士は勝訴しました。

2 遺産分割協議には深く関わりすぎない

(1) 分割内容の伝達は客観的に行う

　相続に関与する専門家は，税理士以外にも司法書士，弁護士等が考えられますが，税理士の場合は，相続が発生した際，相続人らの最も近くで分割内容の精査やアドバイス等を行うことが多いと思います。しかし，税理士としての主な業務内容は相続税の申告書作成ですので，相続人同士で話し合って遺産分割協議の内容が確定した後に，その分割内容に基づいて申告書を作成することが最終目標となります。

　相続人としては，相続税が最も安くなる分割内容のアドバイスを希望する場合もあれば，相続人にそこまでの節税意識がなくとも，多数の案件に関わっている税理士の経験則に鑑みて，自分たちの場合であればどのように分割するのが最も妥当か（または後のトラブルを防げるか）という点について積極的なアドバイスを受けたいという気持ちになる場合もあるでしょう。また，税理士としても相続税が安くなる，すなわち相続人らにとって有利となる分割内容を提案することが多いため，自然と税理士のアドバイスに従った分割案を採用することになると思われます。

　このように，税理士が提案した分割内容は，多くの相続人，または主要な財産を相続する相続人にとっては受け入れやすいことが多いと思います。一方で，主要な財産や自身が希望する財産を相続できない相続人にとっては，税理士の提案は到底受け入れられないでしょう。

　すべての相続人が納得して遺産分割協議書に押印すれば問題ありませんが，なかには円満に解決されないこともあります。このような場合，税理士は円満解決を図り，相続人らを主導して協議がまとまるよう，積極的に相続人らの説得に動くこともあると思われます。

　しかし，これらの行為が遺産分割の交渉や折衝となると弁護士法違反にな

りますので、まずこのリスクを認識しなければなりません。また、税理士が苦労していったん協議がまとまったように見えても、その後本件のように遺産分割協議の無効確認訴訟に巻き込まれて自身も提訴されることがあるかもしれません。これでは自身の苦労が報われませんので、終始、客観的な対応に徹するほうが自身のリスクヘッジとなることを認識しておく必要があると思われます。

(2) 相続人間のトラブルが起きやすいケースを把握する

　相続財産の総額についても、相続人間に認識の相違が生じることがあります。関係者が全員承知している生前贈与ばかりではなく、過去の一定の時期に、ある特定の相続人にのみ多額の贈与が行われたということもあるかもしれません。相続人の1人が、その贈与は相続人全員の合意に基づくものではないため相続財産として持ち戻すべきだと唱えたとすると、税理士が提案した分割案ではなく、新たな分割案が俎上に載ることとなりますし、他の相続人が知らない贈与の存在は、相続人間のトラブルのもととなりえます。

　たとえば、相続人2名のうち、片方が被相続人と同居して介護等を一手に担って、もう片方が遠方に住んでいて介護には一切関わっていなかったような場合には、同居して面倒を見ていたことについての貢献度を相続財産の取り分として認識してほしいという意向が働きます。また、自宅のリフォーム代や介護費用等を被相続人ではなく相続人が支出していたような場合も、支出のたびに推定相続人らの間で話し合いが行われるようなことは稀で、遠方に居住していた他の相続人にはそのような事情がわからず、同居していた相続人が支出したのかどうかについて争いが生じることも考えられます。

　本件も、相続人間において、相続財産総額の認識が異なる案件でした。長男は、被相続人である親に対し、過去何十年にわたり、毎月5〜10万円を貸し付けていたと主張し、その総額は2,000万円を超えていました。自身が支出したとする自宅のリフォーム代と合わせると4,000万円を超える金額となり、これを、被相続人の長男からの借入金と考えると、二男が取得できる相

続財産はかなり少なくなるため，二男が納得できないと考えていた事情についても理解できるところでした。遺産分割を主導した長男の意見を税理士が採り入れて遺産分割協議書をまとめたところ，その分割案は，二男には受け入れにくい内容でした。そして，二男は，税理士から遺産分割協議案について説明された際，1度は納得して相続税申告書へ押印したものの，そののちにやはり納得できないとして長男を提訴することとなったのです。

相続人間のトラブルは往々にして起きがちで，このような場面はよくあると思われますが，税理士はなるべく，相続人間のトラブルに巻き込まれないようにしたいものです。本件の税理士は，あくまでも遺産分割を主導した相続人である長男が決定した分割内容を，長男の代わりに説明する役割を担ったにすぎなかったため，説明の仕方をもう少し工夫すればよかったと思われます。すなわち，自身が提案した分割内容であると誤解されないようにするためには，分割内容が決定されたものであるかのように説明するのではなく，あくまで案として伝える，あるいは他の相続人の意見である旨の断りを入れつつ，内容を客観的に伝える必要があったと思われます。

最終的に，裁判所は原告である二男の請求を棄却していますので，被告税理士には金銭的な負担は発生しませんでした。しかし，提訴され，また自身の貴重な時間を訴訟への対応に割かなければならなかったことについては，マイナスであったと考えられるでしょう。

私たちが認識しておきたいのは，この被告税理士がたまたま運が悪かったというわけではなく，このようなもらい事故のような税賠事件は他の税理士にも十分起きうるということです。

(3) すべての相続人から申告業務を受任しない選択肢も想定する

相続人間でトラブルがすでに発生している場合には，それぞれの相続人に代理人が就くケースが多く，相続税申告においても一部の相続人のみから申告業務を受任することとなるでしょう。ただ，代理人が就いていないにもかかわらず，相続人間の不仲から分割協議がまとまらないことも十分に考えら

れます。そのような場合は，致し方なく税理士が間に入ってそれぞれの相続人への連絡役を担うこともあるでしょう。

　このようなときは，自身の立場をしっかりと相続人全員に伝え，あくまでも遺産分割協議そのものは相続人間で行うべきことや，他の相続人に対して，遺産分割協議の内容につきコンセンサスが得られないのであれば，自身の立場に立った申告を行ってくれる他の税理士に委任する選択肢があることをあえて伝えるなど，不本意と思っている相続人から無理に相続税申告を受任しないほうが結果としてよい，ということを認識することが必要と思います。

　このような心づもりができていれば，利害が対立する可能性が高い案件において，受任した相続人と対立する他の相続人の申告書も作成しなければならないというプレッシャーから解放され，相続人に対して，必要以上に下手に出る必要はなくなることを認識してください。

3　申告書への押印に代わる確認書を

　従来，相続税申告書の提出の実務においては，相続財産の総額や相続税に関する説明を相続人へ行ったことの確認として，申告書への相続人の押印を求めるケースが多かったように思われます。しかし，税務署等に提出される申告書等の税務関係書類について，令和3年4月以降，押印が廃止されました。その結果，すべての相続人に対してきちんとした説明がなされていなくても，相続税の申告書を提出することが可能となってしまいました。

　もちろん，相続人欄の横の「参考」欄にチェックをつけることで，その相続人分の申告書として取り扱わないということを示すことができますし，押印が廃止されたからといって，税理士が相続人への説明を行わずに申告書を提出してしまうことはほとんどないとは思います。それでも，税理士からの説明を聞いて理解した旨や，自身が取得する相続財産の内容や自身の納付すべき相続税額について納得した旨については，後日になっても確認がとれるよう，相続人から確認書等の書面を受領しておくことが望まれます。

4 周辺人物とのコミュニケーションに留意を

▶東京地判平成31年3月14日（LEX/DB：25580876）
〈税理士一部勝訴，高裁にて和解〉

1　申告書提出直前に解任も提出可能な段階まで業務遂行

　申告書提出の直前になって，クライアントから，「やはり別の税理士に申告を依頼することになった」と聞かされたらどうでしょうか。翻意してもらうことが難しそうであれば，そんな不条理な……と思いつつ，それまでの作業時間に係る報酬の請求手段を考えるでしょう。

　本件では，知人からの紹介で相続税の申告書作成を受任した原告税理士は，被告となったクライアントから知人を介して資料を取り寄せ，相続税の申告に必要な作業を進めていました。あと少しで区切りがつき，被告クライアントに申告書のドラフトを提示し，納税額などの説明ができる状態になるという時に，被告クライアントから「別の税理士に変更したい」との電話連絡を受けたのです。

　納得のいかないまま解任された税理士は，被告クライアントへ報酬を請求すべく提訴しました。被告クライアントは，進捗状況を何ら説明することなく勝手に作業を進めたため報酬請求権は発生しないと主張したものの，委任契約解除の理由が，相続税額を少しでも低く抑えたいというものにすぎなかったことから，裁判所は，原告税理士側が相続税申告のための作業を行っていたことを認定し，委任契約書で合意された総報酬額の85％相当額の請求を認めました。

　原告税理士側は，自身の作業がほとんど終了していたとの認識で履行割合

95％を主張していましたが，裁判所の認定はそれより低い割合でした。委任契約書記載の業務内容が税務調査の立会いまで含むものであったこと，また，相続税申告書の提出自体は行っていなかったことから85％と算定されました。

その後，被告クライアントが控訴し，最終的には総報酬額の約81％相当額を被告クライアントが原告税理士側に支払うことで和解となり，地裁判決より原告税理士に不利な結果となりました。

2　周辺人物とのコミュニケーションに留意を

(1)　大切な資料は依頼者と直接やりとりせよ

　本件の被告クライアントを原告税理士に紹介したのは，共通の知人である被告クライアントの親戚（いとこの夫）でした。この知人は，被告クライアントと原告税理士の初顔合わせだけでなく，その後の面談にも同席しました。原告税理士は，委任契約書についても，被告クライアントへ直接送付せずに，知人を介して渡し，連絡も知人を通して行っていました。

　相続税の申告に関する打ち合わせはかなりプライベートな内容です。自分が相続税の申告を依頼する立場で考えてみると，その打ち合わせに，顔見知りの親戚が常に同席していたらどう感じるでしょうか。相続財産の内容，各相続人の状況，相続税額などを親戚に聞かれてしまうとしたら，嫌な気分になるのは当然です。

　税理士は第三者であり，また守秘義務を負うからこそ，プライベートな情報を開示してもらえるのです。そのことを十分認識し，クライアントとの面談の場所や同席者には留意し，情報の取扱いに配慮している姿勢を示すことが望ましいと思います。

　もちろん，知人からの紹介ルートはありがたく大切なものです。しかし，いったんクライアントとのコミュニケーションがとれるようになったら，紹介者にはご遠慮いただき，やりとりを直接行うことで，紹介者が関与し続け

第2章　クライアントとの関係性・受任範囲

ることによる思わぬトラブルを避けられるでしょう。

　実は，本件では，知人が原告税理士の与り知らないところで被告クライアントに紹介料5万円を要求し，相続人は仕方なくその要求に応じていました。こののち，被告クライアントが原告税理士に対して知人を介さず連絡してほしいと伝え，ようやく直接のやりとりが実現することとなりました。このことも，クライアント－税理士間の関係の悪化と後の契約解除につながった要因ではないかと思います。

(2)　所内での作業中もコミュニケーションを継続せよ

　相続税の申告書作成にあたっては，クライアントへのヒアリングを行い，必要資料一式を受領した後は，各相続財産の具体的な評価作業等に入ることになります。作業中に，クライアントへの追加の質問が生じる場合もありますが，役所等への確認，実地調査など，クライアントの関与のない場面も多いでしょう。

　ところが，クライアントとしては，必要資料をすべて渡して，ある程度時間が経過すると，作業の進捗状況や自身の納税額などについて気になってくるものです。クライアントへの連絡の必要性が特段ない状況であっても，定期的に連絡をとり，直近で行った作業内容や納税額の見込みなどをお伝えし，心配な点や質問がないかなどのコミュニケーションを継続することで，クライアントの不安を払拭することが大切だと思います。

　本件の原告税理士側の尋問では，被告クライアントとは何度も直接打ち合わせをして説明も丁寧にしていると原告税理士が主張したのに対し，被告クライアントは，知人を通してやりとりを行ったと述べて，双方の認識が食い違っていたのが印象的でした。

(3)　クライアントの心情も踏まえた説明とアドバイスを

　相続財産か，相続人の固有の財産か。相続税申告や税務調査において，よく論点となるところです。本件では，被相続人の通帳の入出金記録から相続

67

財産に含めるべきと思われる他人名義の財産が見つかったため被告クライアントに指摘したところ，反感を買い，結局被告クライアントは，その財産を相続財産に含めない申告書を作成した別の税理士に申告を依頼しました。

　疑義のある相続財産が見つかったときは，まずクライアントから事情や経緯をヒアリングし，やはり申告すべきと思われる場合は特に丁寧な説明を行いましょう。クライアントの要望に迎合してしまうことは問題ですが，本件ではもう少しうまく説明して，クライアントに納得してもらう道筋もあったのではないかと思います。

　本件の被告クライアントに限らず，相続税の仕組みをよく認識せずに，インターネットなどでのにわか知識だけで，自身に有利な申告をしてくれる税理士を探す納税者もいるようです。医療の世界だけでなく，相続税の申告においてもセカンドオピニオンが今後当然になるかもしれません。もし，他の税理士の申告書と比較されたとしても，クライアントの話を丁寧に聞き，筋の通った説明と適切なアドバイスを行えば，自然と信頼してもらえる税理士になれると思います。

3　契約の解除は双方からできる

　契約を解除されるリスクを考えたとき，クライアントに解除されにくい契約を結ぶことも一案です。しかし，無理な要求をされそうな場合など，税理士側から契約解除を申し出たくなることもあるはずですので，拘束力の強い契約書を取り交わすと，かえって自身が不利な状況に陥る可能性があることを理解する必要があります。

　契約の内容にも気を配りつつ，コミュニケーション力を磨いてクライアントの信頼を得ましょう。

Column | 税賠が今まで1件もない？

　税理士の先生からお話をうかがっていると，「うちは税賠が今まで1件もないんですよね」という声を時々耳にします。それが事実であれば大変すばらしいことなのですが，本当にそうなのだろうかと，筆者は逆に疑ってしまいます。税賠事故が起きていないのではなく，ミスは起きてしまったけれど，それを発見できていないだけではないかと……。

　税賠事故が起きてしまったときに，自分で気づくという割合は約4割です（日税連保険サービス「税理士職業賠償責任保険事故事例」2015年～2023年を筆者が集計した結果によります）。特に，他の案件で調べていたり，研修を受けたりして気づくというパターンが多いようです。研修を受けなければ気づかなかったかもしれないということは，逆に言うと，ミスに気づくような対応を積極的にとっていない場合，そのミスは気づかれないままとなる可能性が非常に高いということです。

　ある先生が，研修を受けるたびに，「あの時の案件，大丈夫だっただろうか」とドキドキする，あの感覚は何度味わっても気分が悪い，とお話しされていましたが，それでもきちんと研修を受けに行き，ミスに気づきやすい行動をとっていることはすばらしいことといえます。その能動的な行動が，確実に未来の税賠を防ぐはずです。

　冒頭の先生についても，もちろん，事務所の全員が完璧な仕事を行ったうえで，やはり税賠が1件もないのかもしれませんので，そうであればさらにすばらしいことと思います。ただ，人間がやることなので，ミスの確率をゼロにすることはできません。したがって，税賠が今まで1件もないというのは，確率論にすぎないのではないかとも思っています。だから，今後も起こらないはずと考えるのは非常に危険です。

第3章 クライアントに対するコンサルティング

　クライアントが必要としているアドバイスは，単に税務のことだけではありません。キャッシュフローの改善から経営コンサルティング，事業承継や組織再編に至るまで，税理士からの手厚いサポートを得つつ事業を進めたいと思う経営者は多いと思います。税理士のなかにも，中小企業の最も近くにいる応援団の一員として，あるいは応援団長として，社長からの相談を日々受けている方は少なくないでしょう。

　ただ，自身の守備範囲を広げすぎると，サポートが手薄になることもありますし，適切と思ったアドバイスが別の観点からは実は適切ではないということも起こりえます。

1 根拠となる調査記録の保存を

▶東京地判令和3年11月11日（LEX/DB：25602182）
　〈税理士敗訴：3,800万円，高裁にて和解〉

1　みなし配当で総合課税になると認識せず追加納税に

　本件では，原告クライアントである社長が，会社の業績不振を理由に，借入を行っている金融機関の要請で役員報酬の減額を余儀なくされたものの，業績が若干上向いてきたことから，報酬額を元どおりにしてほしいと思い顧問税理士に連絡しました。しかし，税理士からの回答は，報酬の増額は難しく金融機関を納得させられないというものでした。諦めかけていたところ，被告税理士から別の提案を受けました。

　自身が社長を退き退職金を受領し，同時に会社に対して自身が所有する土地建物と自社株を譲渡すれば，個人の借入金も完済でき，相当額の手取りが残る……。これは資金繰りに窮していた社長にとって魅力的な提案でした。被告税理士は社長に対し，この取引による納税額と手取額を示しましたが，試算の際に伝えたのは，株式の譲渡に対して分離課税を適用した納税額でした。

　この提案に乗って社長は取引を実行することとしましたが，実際には会社に対する自社株の譲渡はみなし配当に該当するため，配当部分に係る源泉徴収が必要でした。しかし，法人は源泉徴収を行わなかったため源泉所得税の納税告知処分を受けて不納付加算税を賦課され，同時に元社長についても配当所得による総合課税への修正申告が必要となりました。

　元社長である原告クライアントは，当初から総合課税による課税が行われ

ると認識していたなら，上記取引は行わなかったとして被告税理士を提訴しました。

　被告税理士は，この譲渡がみなし配当に該当せず，分離課税による課税が行われると認識した理由として，所得税法施行令61条1項4号の「事業の全部の譲受け」に該当すると判断したためと主張しました。しかし，地裁は被告税理士のアドバイスミスを認定し，被告税理士側に約3,800万円の損害賠償を命じました。被告税理士は控訴しましたが，最終的に高裁において，被告税理士が1,000万円を支払うことで和解にて終結しました。

2　根拠となる調査記録の保存を

(1)　アドバイスの根拠となる明確な記録を残して

　本件においては，被告税理士が作成した納税額の試算表が誤っていたことは確かであり，被告税理士の善管注意義務違反は確実といえました。訴訟においては，本件譲渡が「事業の全部の譲受け」に該当するとの判断は採用しうるため，被告税理士が行った判断は誤っていなかったと考えられる，との別税理士の意見書も提出されましたが，それは独自の見解と考えられ，裁判所においては採用されませんでした。

　被告税理士は上記のような主張を行ったものの，訴訟の経過に鑑みると，この税理士は，実際には「事業の全部の譲受け」に該当するからみなし配当には該当しない，との独自とも思われる見解に基づき，自信を持ってクライアントへ本件取引をアドバイスしたわけではないように思われます。当初の提案の時点において，単純に「自己株式の買取り＝みなし配当の発生」という論点の見落としがあり，短絡的に分離課税での税額を試算してしまったのではないかと思いました。

　その理由は，税理士が文献調査を行ったと主張したものの，その調査を裏づけるエビデンスが全く提出されていないためです。税理士は，日税連の

データベース「TAINS」で，可能な限り検索ワードを入れて調べた，資料の厚さとしては5センチ程度あった，所有する株式全部を売却した場合にまでみなし配当として課税するのはひどいのではないかという文献があったなどと，尋問においては調査の方法や内容について具体的に述べています。

　しかし，「ひどいのではないかという文献があった」ことがこの解釈を採用できる理由とはならないことは措くとして，自身が行うアドバイスの根拠となる文献調査の内容，上記でいえばTAINSで検索ワードを入れて調べた5センチ程度の厚さの資料等を一切保管していないことが非常に不自然といえます。もし，自身がそのようなアドバイスを行うのであれば，アドバイスの際に行った税額のシミュレーションとともに，エビデンスとして文献の調査記録やTAINSでの検索結果を残しておくことが自然と思われるところ，「ひどいのではないかという文献」すら手元にないというのは考えられません。

　このような状況から鑑みると，筆者の推測ではありますが，アドバイスミスが発覚した後に，単純な失念としてしまうと損害賠償請求に応じる以外に術がないため，単純な失念ではないことを主張するために，「事業の全部の譲受け」に該当すると考えたという言い訳を作ったのではないかと考えられます。「事業の全部の譲受け」に該当するという考えには相当程度の理由があるとの，被告税理士側が提出した別税理士の意見書についても，信憑性があるとは考えにくいように思われました。

(2) 文献等の調査記録は必ず手元に残して

　税務判断を行ううえで，文献等の調査記録は非常に重要となります。文献等の調査記録は，調査した日付がわかるように，必ず手元に残しておきましょう。単に調査して文献をコピーしただけでは，後になって調査した日付がわからず，調査した事実を明らかにできないことが想定されます。そのため，次のように，調査を行った日付について疑義がないよう，記録を手元に置いておく必要があります。

> - 検索ワードを指定して検索し表示された結果一覧，その検索結果から見つけてプリントアウトした文献のコピー等について，フッター等に日付が印字されるよう設定したうえでPDF化する
> - 文献のコピーにも，コピーを行った日付を記載しておく
> - PDF化した年月日がわかるよう，PDFのプロパティの日付を確認しておく

　このような形で文献等の調査記録を残しておけば，クライアントへアドバイスを行った際，次のような文献等を確認し，そのうえで当該スキームが最適であると判断した，と主張することが容易となります。

　最も望ましいのは，アドバイスを行う際，クライアントへの提案書だけでなく，その提案を裏づけるエビデンスについてもクライアントへ共有しておくことです。そうすると，提案を行った根拠をより明らかにすることができ，後日の立証においても役立ちます（ただし，この根拠が誤っていた場合には，逆に不利な証拠となってしまいますので，共有する資料の内容には留意が必要です）。

(3) 事前アドバイスミスは本税部分も賠償が求められる

　本件においては，原告クライアントは，自身の手取額が1.5億円に満たなかったとしたら退任は行わなかったとして，この取引により発生した納税額全額が被告税理士側の責任によるものと主張しました。また，1.5億円程度での試算提示の数か月前に1億円程度での試算が示された際には，手元に残る金額が少なすぎるとして本件取引を行わなかったという事実も確かにありました（1億円程度が残るとの試算も，みなし配当を考慮していないものであったため実際には誤りでした）。

　しかし，この会社の業績が低迷していたことや金融機関への債務の返済の状況等に基づき，手取額が若干減少したとしたら直ちに本件取引が行われなかったと考えられるか否かについては不確定要素といえました。会社の業績がより悪化してしまったら，退職金の受領や土地建物の譲渡も難しくなりま

すので，妥協点としてみなし配当課税を受け，1.5億円という試算から手取額が減少し1億円程度となったとしても，やはり本件取引を行うこととしたという選択肢もありうるように思われました。

　このことが，高裁が，本件取引に係るみなし配当と分離課税との差額全額を損害と認定した地裁判断を覆し，和解に導いた要因ではないかと考えます。すなわち，みなし配当が生じることで，多少手取額が減少したとしても，当時社長であった原告クライアントにとって，自社株を会社に譲渡することは，相応にメリットを有する取引であったため，税理士がたとえ正しい納税額を伝えていたとしても，実施された可能性が相当程度あったと考えられたということです。

　申告書作成の際にミスがあった場合に税理士が負担すべきとされるのは，原則として過大申告の場合のみです。しかし，本件のように事前アドバイスミスがあった場合には，そのミスがなければ取引を実行していなかったとの推認が働くため，本税部分についても賠償が求められることとなります。コンサルティングによる取引の提案には十分な検討と準備が求められます。

3　タイムチャージによらない報酬にリスクあり

　その他にも，本件の結論に影響を与えたと思われる事象があります。

　被告税理士は，本件取引を提案した報酬として，500万円を受領していました。税理士が申告業務とは別途でコンサルティングを行う際，どのように報酬を請求すべきかは非常に悩ましいところです。成功報酬として受領した場合はもとより，税効果額の○％という形で報酬の設定を行った場合，そのアドバイスが誤っていて予定されていた税効果が得られなかったとすると，当然ながら報酬額の返還を求められる可能性が高いと思われます。一方で，タイムチャージ等により報酬を請求している場合には，役務提供と報酬との対価関係が認められやすいため，損害賠償とは別途，受領報酬を減額すべきとの判断がなされる可能性は低いと思われます。

第3章　クライアントに対するコンサルティング

　本件においては，被告税理士側は，会社の借入先である金融機関との交渉，本件スキームの策定，税額の試算等を行っていますが，申告業務と合わせて合計500万円分の役務を提供したかについては何とも言えません。当然，金融機関との交渉はテクニックを要するものと思われますし，税額の試算についても一定程度の時間を要したことは推測されますが，裁判官から見て，この500万円の報酬（しかも，当初の報酬の請求額は日当総額500万円（1日10万円×50日）を含む700万円であり，その後の原告クライアントと被告税理士との交渉により減額されて500万円となった）が高すぎると思われた可能性も十分あると思います。

　これらのことから，本件においては，報酬受領額の2倍に相当する1,000万円の返金（損害賠償）は妥当と，裁判官も考えたのではないでしょうか。また，原告クライアントとしても，支払った報酬額の2倍の返金であれば，納得感があったとも考えられます。

　納税者が税理士に対して損害賠償請求を行う際，申告書作成報酬の返還等を求める訴えがなされることも往々にしてあります。しかし，納税者に対するアドバイスがたとえ誤っていたとしても，実際に行われた役務提供の報酬についてまで返還すべきとの裁判所の判断がなされることはほとんどありません。申告書作成報酬については，たとえ作成した申告書の内容が誤りを含むものであったとしても，申告書を作成し当局へ提出するという受任業務を遂行したことは確かであるためです。

　税理士と納税者が締結する契約において，税理士が作成した申告書の内容を保証する（その内容が完璧であり，一切更正処分等がなされないことを確約する）ことはほとんどないと思います（もし，このような契約を締結している会計事務所があった場合には，すみやかな契約内容の見直しを推奨します）。そうすると，もし税理士の過失により，税理士が行った申告内容の一部に誤りが存在したとしても，その誤りによる損害額のなかには，申告書の作成報酬自体は含まれないこととなります。

　これを前提として，コンサルティングを行った場合の報酬のあり方につい

て考えてみると，成功報酬として報酬を受領する場合には，当然ながらそのスキームが成功することが前提で，そのスキームが成功しなかった場合には，報酬を受領する前提が存在しなくなることを認識する必要があります。

　本件においては，当初，税理士は「成功報酬」として，「不動産及び株式の譲渡対価並びに退職金の合計額の0.5％」を請求していますが，この取引に係る税額の試算を行っていることからも，取引の「成功」とは，譲渡自体が成功するだけでなく，試算した税額が正しいことまで含んでの「成功」と想定されます。そのため，本件においては，株式の譲渡に関しては成功報酬が発生していないことになると思われます。

　税効果額の○％や対価の○％等として報酬を受領する場合のリスクについては，十分認識しておく必要があると思われます。

第3章 クライアントに対するコンサルティング

2 税額の総額が同じでも損害は生じうる

▶東京地判令和3年12月27日（LEX/DB：25602943）
〈税理士勝訴，高裁にて和解〉

1 買換え特例を誤って生じた損害の一部を税理士が負担

　あるグループ会社は，所有する不動産の外部への売却が決定した際に，当時実際に不動産を所有していた法人とは別の法人を売却元の法人とすべく，グループ内の会社間においてその不動産の売買契約を締結しました。所有期間が9日間だけとなったグループ内の新たな所有者だけでなく，元の所有者についても，10年超の所有期間の要件を満たさず買換え特例の適用はできませんでしたが，被告税理士法人は，どうやら買換え特例の適用ができるとの誤った回答を行ってしまったようです。特例の適用可否の回答内容をめぐりクライアントとトラブルとなり，後日クライアントから，特例の適用ができなかったため発生した納税額につき，損害賠償請求を受けました。
　被告税理士法人は，所有期間が9日間しかなくても買換え特例の適用は問題ない，との誤った回答を本当に行ったのでしょうか。真相は闇の中のようです。
　地裁の判決を読む限りでは，被告税理士法人が買換え特例の要件を誤って伝えたとの原告クライアントの主張は一方的な作り話であって，被告税理士法人が要件を間違えたという事実はなかったように思われました。ところが，地裁において税理士側が勝訴したにもかかわらず，高裁においては被告税理士法人が一転和解に応じることとなりました。被告税理士法人側は，本件に関して，原告クライアントを含む複数のグループ会社から未収となっていた

顧問料等の支払を求めて簡裁へ提訴していましたが，この別件訴訟における請求権も放棄することとなり，和解による支払額と放棄した請求債権の額とを合計すると，金額的には100万円程度を負担することとなりました。

　高裁における和解の確定までの間，弁論期日や和解期日において具体的にどのようなやりとりがなされたのかはわからないのですが，地裁においては，弁護士も交えた決算の後の打ち合わせの日程が平成28年8月の数か月後とされ，具体的な期日については明らかになっていませんでした。これに対して，当時から原告クライアント側に関与していた代理人弁護士の記録をもとに，打ち合わせ日程は9月15日であったと原告クライアント側が主張したことがきっかけで，被告税理士法人が一転和解に応じることとなったようです。9月15日の打ち合わせという日程は，6月に決算期を変更した原告クライアントの決算報告スケジュールとも合致しますので，税理士法人の担当職員が買換え特例の要件を誤り，原告クライアントに買換え特例の適用があると伝えたとの原告クライアントの主張も，あながち作り話ではなかった可能性があるように思われます。

2　税額の総額が同じでも損害は生じうる

(1)　仮の税額を伝える際はあくまでも仮であることを明確に

　この真偽のほどは措くとして，買換え特例の要件について，クライアントの質問にその場で即答できなかったとしても，クライアントから確認を求められた後，1週間以内には回答や何らかのアクションを行うことが通常であると思われます。

　本件では，回答せずに放置してしまい，その後途中経過の報告も何も行わず約1年後になってから回答を行ったという事実関係がありました。このことは一般的には考えにくく，地裁の尋問においても確認が求められたところです。回答自体は誤っていなかったものの，回答を行ったのが約1年後と

第3章　クライアントに対するコンサルティング

なってしまったことから，遅れてしまったことについてお詫びをしたというのが被告税理士法人の言い分でしたが，クライアントとの通常のやりとりから考えると，回答がこれだけ放置されるということに対する違和感があり，また，誤っていなかったものの回答が遅れたことについて謝ったという点についても不自然と思われました。決算報告に際して回答の誤りを謝罪したというのが，和解という事実から考えられるストーリーだと思います。

さらに，圧縮記帳の適用ができないと伝えたにもかかわらず，その数日後に，圧縮記帳をした場合の税金を計算しクライアントに伝えている点にも違和感がありました。税理士側が提出した証拠のうちに，平成28年8月15日付のメールがありますが，このメールでは，圧縮記帳ができない点については一切触れずに，「圧縮計算を下記のとおりご報告させていただきます。」としたうえで，差益割合（売却価額に占める売却差益の割合）が0.256程度であることと圧縮限度額が3,700万円程度であることについて報告しています。

このメールについて，被告税理士法人側は，仮に圧縮できると仮定した場合の計算を求められたために送ったと説明しています。すなわち，現実的には，適用できないことを承知のうえで，クライアントの意向に基づき圧縮記帳の適用があるとした申告をしてしまう可能性があることを挙げていました。

しかし，これには非常に問題があります。クライアントに対し仮の税額を伝える際は，次のような点に留意する必要があります。

まず，①前提条件を漏れなく伝えることです。前提条件を伝えることで，その前提条件を満たさなかった場合には，試算した税額にならないことを伝えることができます。次に，②優遇税制等の適用の可否を明らかにすることです。①の前提条件を満たしていれば，②の優遇税制が受けられるという条件のもとに行うのがシミュレーションのはずです。本件では，圧縮記帳を行えないわけですから，要件を満たしていないものを満たしたとして税額を計算してクライアントへ連絡するということ自体，原則的には行ってはならなかったと思います。

さらに，③税額が仮の額であることを念押しすることです。税の知識のな

い人は，専門家から税額を伝えられたら，その税額が正しいものと思い込んでしまいがちです。その税額が独り歩きしてしまわないよう，伝えた額は仮の額であることを強調しておく必要があります。

(2) 課税繰延べのアドバイスミスでも損害は生じうる

　本件で問題となった買換え特例は，本質的には課税の繰延べであり，被告税理士法人のアドバイスミスがあったとしても，結果としてトータルでの所得は同一となることから損害は発生しないとする見解もあるようです。

　ただし，買換え特例の適用が受けられなかった場合，買換えにより取得した物件を譲渡するのは相当程度将来のこととなるのが通常です。その実現時期が定かではないことを鑑みると，やはり課税の繰延べができるにもかかわらず被告税理士法人のアドバイスミスにより納税が発生してしまったような場合には，一定程度の損害は発生していると見るのが正しいように思います。

　実際に，中古資産について，税理士が新規の取得と誤認して減価償却の耐用年数を誤って長く設定してしまって，損害賠償請求を受けた税理士が敗訴したという別の事件もありましたので，（何十年かを）トータルすれば所得は変わらないという主張は難しいと考えます。この事件では，複利現価率等も考慮して損害額が算定されました。

　本件においては，外部への譲渡が行われることが決定した後にグループ会社を譲受人とする第一売買を画策し，当初から資産を保有していた法人とは異なる，グループ内の別法人が第二売買（外部への譲渡）の譲渡人となりました。しかし，この別法人は第一売買により本物件を購入するための金融資産を有していなかったことから，買換え特例が適用できなければ第一売買だけ行うつもりだったという原告クライアントの主張は成り立たないように思われました。そうすると，売買の結果として資金が余剰となったため別の物件を取得するというニーズは，買換えについて課税が行われ納税が発生したとしても実行されていた可能性が高く，被告税理士法人側が要件を誤ることなく伝えたとしても，原告クライアントは物件を購入していた可能性がある

82

第3章　クライアントに対するコンサルティング

ように思われます。

そのため，被告税理士法人のミスはあったにせよ，本物件の譲渡によって発生した税額のすべてが損害に該当するわけではないとする裁判所の判断は妥当であると思われ，被告税理士法人が損害額の一部を負担することで，双方とも，一定程度の納得感を得られる解決となったように思われます。

(3) 不動産の売買が関係する特例は慎重に検討を

本件において，原告クライアントは，もし買換え物件を取得することで譲渡益に対する課税を繰り延べられるのであれば，別の物件を取得したいと思ったとのことです。そうすると，買換え特例を適用できるか否かは，そのままキャッシュフローに顕著な影響を与えることが想定されます。また，物件を取得してしまった後に納税が必要となると，取得した物件をすぐに再譲渡できるとも限らず，必要な納税資金を工面するのが一苦労となるかもしれません。

特に，多額の資金が移転する取引となる可能性が高い不動産に関連する特例の判定にあたっては，慎重を要します。担当職員単独では判定せず，必ず上司等の別の者が内容を確認したうえでクライアントに回答するよう，所内でのフローを改めて確認しましょう。

3　クライアントとの打ち合わせの日程・内容を記録する

本件では，原告クライアントとの打ち合わせを行った日程について，原告クライアント，被告税理士法人ともに曖昧な主張に終始し，訴訟を通じて最後まで，日程を特定することができませんでした（被告税理士法人については，特定してしまうと自身に不利となる事情があったため，あえて主張しなかったことも考えられます）。

クライアント側が日程を特定できないことはありうるとしても，税理士側は，必ずクライアントとの面談・訪問日程について特定し，その打ち合わせ

においてどのような内容が議論されたのか，報告・伝達事項は何であったのかなどについて，数年経っても明らかにできるよう，記録を残しておくことが必要となります。

税務トラブルが顕在化するのは，その事実が起きてすぐではなく，2，3年後から数年後であることが多く，そのように時間が経過してしまうと，日程はおろか内容についても記憶が曖昧になるのは自然なことです。したがって，打ち合わせを行った当日や翌日のうちに，その内容についてせめて箇条書き程度でも記録を行って議事録を作成しておき，後にトラブルが発生したとしてもその議事録を読み返せば記憶が蘇るようにしておくことが肝要です。

原告クライアントは，ノートに記載された日付の数字を無理やり修正し，打ち合わせ日程についての主張を行いました。「9」と記載されたと思われる数字を，後から「8」に変更したことがわかるような，証拠力が疑われる記載でした。しかし，被告税理士法人の側で，それに対抗して実際に打ち合わせが行われた日程を主張できる材料を持ち合わせていなかったことも事実です。

税理士の側では，クライアントとの打ち合わせが行われた日程やその打ち合わせにおける議題を，常に明らかにできるように記録しておくことが望まれます。

第3章　クライアントに対するコンサルティング

3 他の関係者への影響も考慮に入れて

▶東京地判令和元年10月15日（LEX/DB：25582553）
　〈税理士敗訴：140万円，高裁にて和解〉

1 未払退職金につき計上した債務免除益で贈与税が発生

　同族会社の顧問税理士として関与する場合は，実際に締結している契約が法人との間の顧問契約のみであったとしても，同時に役員である個人の確定申告を担当したり，相続対策コンサルティングを行ったりといった場面が多いと思います。そのような場合は，法人税だけでなく，オーナー一族の所得税や相続税，贈与税についても総合的に検討する必要があるでしょう。

　被告税理士が申告業務を担当していたある同族会社は深刻な業績不振に陥って，継続的な赤字が見込まれていました。金融機関対策として黒字の決算をまとめるべく，被告税理士は元社長に対する未払退職金債務5,000万円の債務免除を提案しましたが，その際に，会社の株価が上昇することで株主に贈与税が課されることについての説明を怠りました。債権者であった元社長は，債務免除の実施が相続対策にもなるとの被告税理士のアドバイスから，息子である現社長とともにこの提案を受諾し，平成23年12月期に3,000万円，平成24年12月期に2,000万円の債務を免除しました。

　その後，元社長の死亡後に行われた税務調査により，現社長に贈与税の申告義務があると指摘されました。現社長は贈与税の期限後申告を行い，本税のほか，無申告加算税と延滞税の合計額375万円余が課されることとなりました。納得ができなかった現社長は納税を済ませないまま被告税理士を提訴し，債務免除によって贈与税が課税されるとの説明をしなかったことが不法

85

行為を構成すると主張しました。

　地裁は期限後申告によって生じた無申告加算税と延滞税について被告税理士の責任を認め，これに慰謝料を加算した140万円余につき被告税理士の支払義務を認めました。被告税理士は控訴しましたが，地裁の判断は維持され，結果的に延滞税の増額分20万円が増加した160万円の解決金を被告税理士が支払うことで和解となりました。

2　他の関係者への影響も考慮に入れて

(1)　直接のクライアントのみならず他の関係者への影響も検討を

　金融機関や役所等に対して問題のない決算書を提出するために，クライアントから決算内容について相談を受けるケースは少なくないと思います。赤字の継続が見込まれるクライアントの要望で法人の決算を黒字にすることを企図した場合，その決算対策の有効性やリスクはもちろんのこと，その対策に伴う他の影響を十分検討する必要があります。

　本件のように債務免除の提案を行うにあたっては，貸倒損失や債務免除益だけでなく，株主に対するみなし贈与の問題も含めて検討を行い，発生する課税関係をすべてクライアントに説明したうえで，決算対策の実施について判断を委ねる必要があります。

　しかし本件では，被告税理士はクライアントである同族会社の業績が悪かったため，大した贈与税はかからないだろうと判断し，贈与税額の試算すら行わなかったようです。クライアントも赤字から脱却でき，債権者である父の財産の減少により相続税も減ると説明されて債務免除の実施に賛成しましたが，現社長にとっては寝耳に水の贈与税の課税……。納得ができないのは当然のことといえます。

　被告税理士は，債務免除とみなし贈与はセットであるから一般的な流れの説明はしているはずと主張しましたが，説明を行った証拠を一切示すことが

第3章　クライアントに対するコンサルティング

できませんでした。もし，一般的な説明をしていたのだとしても，本件においては，実際の贈与税額を記載したペーパーなどが何も残っていなかったため，裁判所が，説明が行われたと判断するのは難しかったと思います。

また，被告税理士が提出した証拠は，債務免除が行われた2期分の確定申告書，債務免除がなかった場合の相続税申告書と，経緯を記載した陳述書のみでした。一般的な税賠訴訟では，少なくとも20程度の証拠が提出されるのに対し，本件の証拠の少なさが際立っています。被告税理士が，普段の業務において，証拠を残すことを意識した行動を一切とっていなかったことがわかります。

(2) 法人税のみ受任して他税目は対象外との理屈は通用しない

本件においては，クライアントと被告税理士との間の顧問契約書は存在せず，また，被告税理士はクライアントの法人税の申告業務だけでなく，現社長や元社長の個人の確定申告業務も担当していました。過去には相続時精算課税制度の利用をアドバイスし，元社長が現社長へクライアントの株式を贈与していました。このように，税理士は単にクライアントの法人税申告書作成業務だけを担当していたわけではなかったのです。

本件訴訟の尋問において，クライアントへ具体的な贈与税の話をしなかった理由を尋ねられた被告税理士は，何も依頼を受けていないからと回答しています。しかし，クライアントの立場に立ってみれば，贈与税の発生の有無や税額について何も情報がないなかで，被告税理士に贈与税に係る業務を依頼するということは，通常考えにくいでしょう。それまでクライアントに関連する他の税目の申告などにも携わっていた状況からも，被告税理士の贈与税に関する説明責任が認定されたのは当然のことでした。

(3) 贈与税本税の損害の認定は事案による

本件においては，債権譲渡の手法によれば贈与税の発生を回避できたとする，元社長の相続税申告を担当した別の税理士による意見書を原告側が提出

87

したものの，クライアントの資金繰りの確保のため，贈与税の課税を認識していたとしても債務免除が選択された可能性もあるとして，贈与税本税は損害額には含まれないと判断されました。

しかし，もし贈与税も相続税も回避できる別の手段で，通常の税理士が提案するようなものがあったとすれば，その代替手段を提案すべきであったとして，贈与税本税についても被告税理士が負担すべきとする判断がなされる可能性もないとはいえません。そうすると，被告税理士の負担額がさらに増加していた可能性もあります。

ミスなどにより過少申告が発生した場合，通常は，本税についてはクライアントが負担すべき税額に該当するケースが多いと思われますが，本税についてまで税理士が負担すべきとされた場合には，負担額の増加のみならず，税賠保険の対象とならないことにも留意する必要があります。

3　本税を支払わないと増え続ける延滞税

本件の原告である現社長は，当局からの指摘により贈与税の期限後申告はしたものの，納税を済ませずに被告税理士を提訴しました。そして，高裁でも地裁の判断が引き継がれ，被告税理士の責任が認められていますが，延滞税の増額分だけ，被告税理士が支払うべき解決金が増加しています。

決算対策のコンサルティングの際，具体的な税額を示しながら贈与税の課税について説明していれば，法人の存続を優先し，贈与税の負担を受け入れても元社長による債務免除を実行する判断がなされたかもしれません。また，贈与税が課税されることが判明した時点で納税に関するアドバイスを行っていれば，少なくとも延滞税の発生は最小限にできたかもしれません。

しかし，被告税理士からの説明が何もない状況で贈与税が課税されると当局に指摘されて，現社長は到底納得できず，納付を行わないという選択をしたのではないでしょうか。怒りの感情から損害額が増えてしまった例ではないかと思います。

88

第3章 クライアントに対するコンサルティング

4 スキーム提案には他者の見解の確認を

▶東京高判令和元年8月21日（金判1583号8頁・TAINS：Z999-0174）
　〈税理士敗訴：3.2億円〉
▶東京地判平成28年5月30日（TAINS：Z999-0173）〈税理士敗訴：3.2億円〉

1 相続対策スキームの誤りで3億円の損害

　会社は債務超過なのに，会社に対する11億円の貸付金が相続財産となってしまう。オーナーの病状も鑑みて，早く対策をしなければと思って行ったDES（Debt Equity Swap）の手続において，よもやの3億円の課税……。納税者としてみれば，特段の税金はかからず，相続税の節税になると言われて行った対策で納税が発生してしまったうえ，担当税理士はDESがなかったものとした申告を行うと頑なに主張……。

　相続税の申告を委任した別の税理士法人にアドバイスを求めながら，DESを主導した被告税理士法人に対し，約3億円の損害賠償を求めて提訴した事件は，被告税理士法人の約3億円の敗訴で幕を閉じました。

　裁判所は，被告税理士法人が当初提案した清算方式によれば納税が発生しなかったにもかかわらず，DES方式を提案したことで納税者の負担が3億円増加したと認定し，本スキームによっても結果的に相続税の節税になっているとの被告税理士法人の主張を認めませんでした。

　地裁の判断は高裁でも維持され，最終的には最高裁の不受理決定により被告税理士法人の敗訴が確定しました。

2　スキーム提案には他者の見解の確認を

(1)　クライアント担当者退職時の引き継ぎは十分に

　被告税理士法人が清算方式を提案してから，DES方式を提案するまでの約1か月の間に，原告クライアントを担当していた事務所職員は税理士法人を退職しています。その職員と，新しく担当することとなった担当税理士との間では，原告クライアントに関する引き継ぎが行われたはずですが，ここでの情報が不足していたようです。

　原告クライアントのオーナーに対しては，前担当職員が清算方式を提案する前に，メインバンクの担当行員がDESの提案書を提出しており，この銀行からの提案書には，DESを行うと債務免除益が発生する旨の記載がありました。しかし，新担当税理士は，前担当職員は確認したと思われる銀行からのDESの提案書には全く目を通さず，したがって清算方式とDES方式の相違点について詳細に検討することなく，DESを行った際には債務免除益が発生する可能性があるとの知識を有さないまま，DESを提案し，実行に移してしまいます。

　まず，DES実施の際に債務免除益が発生する可能性を全く認識していなかったと思われる税理士の知識不足が，本件発生の大きな要因である点は否めません。しかし，本件に限らず，税理士に十分な知識があったとしても，スキームの提案にあたって見落としてはならない論点の漏れが生じ，税賠事故につながってしまうケースがあることも筆者は承知しています。いずれの場合であっても，新担当税理士が銀行からの書類に目を通していれば，DESを実施すると法人において債務免除益が発生してしまうことについて認識し，DES方式の提案には至らなかった，すなわち，清算方式が実行された可能性が高く，本件は発生しなかったと思われます。

　会計事務所において，独立や他の事務所への転職はあまり珍しくなく，事

務所の体制としては常にその可能性と発生した場合の対応マニュアルを定めておく必要があると思われます。クライアントの現状と喫緊の課題を漏れなく伝え，仕掛中となっている論点やクライアントに行うべき提案の内容を引き継ぐとともに，その仕掛中の案件に関する資料や検討した書類等も，間違いなく次の担当税理士へ渡るようにすることが強く望まれます。

(2) 他者の見解を確認することの重要性を認識せよ

　スキームの提案は，申告書に比べると，簡素な手続のもとで世に送り出されてしまうように思います。しかし，税務メリット等があることを想定してスキームが行われることが多いため，スキームが失敗してしまった際に影響がある税額は，申告書作成でミスが発生した場合の税額の影響額と比較して，多額になる可能性があります。

　スキームにおける論点の抜け落ちを防ぐためには，なるべく多くの人が関わることが必要と思いますが，可能であれば事務所内だけではなく，弁護士や国税OB，他事務所等からの意見の取得を検討することが望まれます。当局の見解の変更等によって万一スキームが失敗に終わったとしても，他者の見解を得ておくことで，当時の状況においては，その判断に特段の問題がなく，事務所内の検討過程も正しく行われていたことを示すことができますので，事務所が損害賠償責任を負う可能性は低くなります。

　税賠事件において，税理士が善管注意義務を果たしていたか否かの判断にあたっては，当時，通常の税理士であればどのように判断したかという要素が重視されることが多いと思われます。通常の税理士が正しく判断できた内容についてミスが生じたのであれば，事故を起こした税理士は善管注意義務に違反していた，ということになり，通常の税理士ではそのような判断は難しかったということになれば，善管注意義務違反はなかった，ということになります。

　本件についていえば，通常の税理士であれば正しく判断できた内容と想定されるものの，もし専門家の間で判断が分かれるような事案の場合には，異

なったいくつかの見解を確認した内容を手元に保管しておくことで，当時複数の見解が存在していた事実を示せるため，将来発生するかもしれないトラブルにおいて有利に働くでしょう。

(3) 正しくない申告を行うことは不適切

　本件において，ミスをした新担当税理士がとった行動のうち，問題と思われるものがもう１つあります。それは，DESが行われ，DESに伴う債務免除益の見過ごしが発覚した後，対象会社の法人税の申告において，DESがなかったことを前提とした申告を行ったことです。

　誤って行われてしまったDESに係る登記を解除するなど，法的にもDESが行われなかった状態に戻ったのであれば問題ありませんでしたが，本件では，錯誤無効は難しいという専門家の判断もあり，DESに係る登記を元に戻すことはできませんでした。

　したがって，DESがなかったものとして行った申告は，事実に基づかない過少申告になってしまいました。

　11億円といわれる債権の本来の評価額をいくらとすべきであったのかは，今となっては何ともいえず，債権額をおそらくゼロと判断した新担当税理士による修正申告が正しかったかどうかまでは明らかではありません。しかし，高裁においては債権の評価額が論点となったため，原告クライアントは当局に対し，11億円の債権額を「額面どおり」と評価した更正の請求を行ったものの認められませんでした。その結果，少なくとも当初申告は正しくなかったことが明らかとなりました。

　事前のアドバイスにおいてミスがあった時点で，賠償責任を免れるのはなかなか難しい状況ではあったものの，自身のミスは認めたうえで，債権額の評価を外部に依頼する，この法人税の申告においてクライアントの損害額がより少なくなるような次善の策を検討するなど，何らかの真摯な対応を行うことで，多少なりとももう少しよい結論を導くことができたかもしれないと思いました。

3 損害を回復できる備えも

　税理士業務を行うなかで，ミスをゼロにすることはできません。さまざまな予防策を講じつつも損害が発生してしまった場合に，そのミスの原因が税理士側にあることが明らかであるときは，その損害額の回復のために，クライアントに対して損害賠償を行うことが必要となります。

　ただし，損害額が多額である場合など，税理士側の支払能力を超えていることもあると思われます。このような場合に備えて，税理士個人が得る各年の報酬のなかからいざというときに支出するための金員をプールしておく，あるいは会計事務所において適切な保険へ加入しておくなど，クライアントに発生した損害を回復するための手段を確保しておくことが必要と思われます。

　3億円の損害の発生は想定外とはいえ，税務コンサルティングをクライアントに対して行う以上，リスクの度合いをクライアントに伝え，あらかじめ税理士が賠償可能な限度額につきクライアントの了承を得ておく必要もあると思います。「ミスしましたが，すみません，支払えません」という事態を起こさないための準備が肝要です。

5　中小企業・経営者のかかりつけ医であれ

▶東京地判令和2年2月20日（TAINS：Z999-0181）
〈税理士敗訴（ただし賃上げ促進税制部分）〉

1　社長の横領を見過ごしても善管注意義務に違反せず

　クライアントで横領事件が発生！　といえば，まずは経理担当者や営業部長などが疑われますが，社長自らが横領しているケースも少なからずあります。社長が横領していた場合は，もし，経理担当者が気づいていたとしても，自身の立場上，強くは言えないものでしょう。そうすると，年月が経過するうちに金額が膨らんでしまうことも十分考えられます。

　本件は，被告税理士が，原告クライアントの社長による横領を認識し，または認識しうる状況にあったにもかかわらず，これを指摘したり社長に対する指導等を行ったりしなかったことが，顧問契約の善管注意義務に違反していると原告クライアントが主張し，社長が横領した約1億1,600万円のうち3,000万円の支払を求めて被告税理士を提訴した事件です。

　裁判所では，顧問契約に定める委任業務のなかに会計不正の調査義務は明示されておらず，また，税理士法には，公認会計士法に定めるような財務書類の監査や証明業務等は規定されていないことから，本件の顧問契約において，被告税理士に，会計書類やその作成過程から把握される不審点を調査・確認し，不正があればこれを是正指導する義務はなかったとして原告クライアントの主張が退けられています。ただ，本論点とは別に，所得拡大促進税制（現在の賃上げ促進税制）の見落としがあったことから，その部分について被告税理士が敗訴し訴訟が終結しました。

2　中小企業・経営者のかかりつけ医であれ

(1)　最悪の事態を回避する手段を模索せよ

　本件の原告クライアントの帳簿上は，期中に仮払金が徐々に増えて，その仮払金が期末にまとめて現金で返金されたことになっていました。これらの処理を疑問視した取締役が現金の所在を調査しようとしたものの，社長に激怒され役員解任を匂わされたことで断念したという経緯があったようです。

　その後，原告クライアントに税務調査が入った際，帳簿上は1億3,000万円程度の現金があることとなっていたため，被告税理士は原告クライアントに対し，調査が行われる可能性に鑑み現金有高の確認をするよう伝えていますが，その際に社長とは直接話をしていませんでした。税務調査が進行し，調査官が最後に現金を確認することとなった際，社長は「わかりました」と言って部屋を出ていき，その翌日頃，命を絶ってしまいました。社長の自殺は調査官にとっても衝撃で，ほどなく税務調査はストップしました。

　本件訴訟の尋問において，被告税理士は，「もっと早い段階で現金の確認をしたり，社長にそこをしっかりとただしていれば，このようなことが起こらなかったのでは」と問われ，「そうは思わない」と回答しています。この回答は，自身のリスク回避のための方策と思われますが，この死を防ぐための手段はなかったのでしょうか。本件の原告クライアントの場合，社長が取締役による現金チェックを拒んだという過去の事実はあったものの，税務調査中に社長に寄り添うことで自殺を思いとどまらせ，横領が明るみになった後の処理にきちんと向き合わせることもできたかもしれないと思ったのでした。

(2)　税務リスクが内在する処理への指摘は躊躇なく

　中小企業においては公認会計士による監査はありませんので，会社の財務内容のチェックを行う立場にあるのは，株主や監査役，金融機関，そして税

理士などです。ただし，株主や役員に外部の人間がおらず，また，金融機関からの借入も大きくなければ，会社のキャッシュフローや財務状況を客観的に把握したうえで指導・助言等を行いうるのは，一般的には税理士のみということになるでしょう。

　もちろん，本件のように，一般的な税務顧問契約が締結されている場合，税理士の一義的な役割は，提出された帳票やクライアントとのやりとりに沿って正しく税務申告書類を作成することや，クライアントからの税務相談に対して的確に回答することと思われます。そして，税理士に対する要望が大きいようであれば，経営コンサルティングなどの業務内容を契約に追加したうえで，より幅広いアドバイスをクライアントへ提供することになるでしょう。そのため，税理士は会社の不正を発見する義務はないと解されています。

　ただ，単なる税務顧問契約にとどまるとしても，毎期の元帳の仮払金の推移や期末現金有高を見れば，会社内に不正があるという予想はついていたと思われます。そのため，この点を原告クライアントや社長に指摘することなく放置したと思われる被告税理士の対応は，適切ではなかったように考えられます。帳簿上，不審な推移が見受けられる科目については都度指摘をし，現金有高が常識的な金額でない場合は必要に応じてその確認をクライアントに求め，確認が難しい事情等があれば，実態の把握や打開策の検討を行うという姿勢が必要になると思われます。

(3)　社長と会社の命を救うための提案を

　自身の横領の発覚を観念し，現金調査を目前にして社長が選んだ道は自殺でした。社長の行為は重大な犯罪ですが，果たして社長には他の選択肢はなかったのでしょうか。中小企業の社長業は孤独と隣り合わせです。事業展開，取引先との関係性，資金繰りなど，いろいろな場面で判断と決断が必要となり，その場面ごとに有能な従業員や親族の役員等に相談しつつ外部専門家の助言を得ながら，会社経営を行っていく使命があります。そして，その外部専門家のうち，社長と会社の一番近くにいるのが税理士といえます。

本件でも，もう少し早い段階で覚悟を持って社長へ進言し，横領をやめさせることができていたら，社長が費消した金員は戻らずとも，社長がその座を譲り渡さざるを得ないとしても，社長の命を救い，原告クライアントの経営を立て直せた可能性もあったのではないかと思います。何より，それまで何度となく顔を合わせていた社長の死という事態は，被告税理士にとっても大変ショッキングだったことでしょう。

　顧問先の経営者と企業が健康体を維持し続けられるように，税理士は，会社が直面している問題を早めに指摘し治療を施すかかりつけ医としての役割を大切にしたいものです。そして，そのための行動こそが，本件のようなトラブルに巻き込まれないためのリスクヘッジになるのではないかと思います。

3　賃上げ促進税制でのミスを起こさない

　本件では，賃上げ促進税制（所得拡大促進税制）のミスにつき，税理士が敗訴しています。税額控除等の優遇税制の適用失念は，事情の差はあれども原則として税理士のミスとなってしまいます。

　賃上げ促進税制は，毎年度のように要件が変更され，また会社規模によって要件も異なり，さらに上乗せ要件が存在するなど，非常にわかりにくくなっています。一方で，税額控除額が多額になることもあるため，適用を失念したり，集計金額を誤ったりした場合の損害額が大きくなるおそれがあります。また，令和6年度からは，中小企業については賃上げ実施年度に控除しきれなかった金額がある場合，5年間の繰越控除が可能になるなど，当年度に納税額が発生していない場合でも，検討が必要になる制度となりました。

　制度がスタートした頃にはミスが頻発し，1年間に何十件という事故が発生して，税目別で法人税の第1位にランキングされていた時期もありました。最近では，決算・申告の際に検討することが定着しつつありますが，チェックシートに賃上げ促進税制に関する項目を入れるなどして，ミスが生じないよう，改めて留意が必要でしょう。

Column | トラブルの相談を受けて

　立場上，クライアントとの間のトラブルに関する相談をお受けすることも多いのですが，お話を聞いてみると，大方のミスの原因は，複雑で難しい論点ではなく，非常に初歩的と思われる論点に関するもののように思います。

　話を聞く側からすると，「えっ？　それに気づかなかったの？」と思うわけなのですが，これはやはり，後から振り返るからこそそのように思うのだと思います。担当者としてそのプロジェクトに関わっている方は，その当時は周りが見えず，その論点があることに気づかなかったのでしょう。

　筆者としては，「あぁ，そうですか……」と答えつつも，「どうして気づかなかったのですか？」という問いは意味がないので口にしないようにしています。すでに何度も自問したでしょうし，上司からも投げかけられた問いだと思うからです。

　筆者に相談に来る前の，誤りに気づいた時点で，もう十分冷や汗はかいたと思われるため，筆者としては，税賠保険の適用があるのかどうかを確認する，税賠訴訟に備えて適切な弁護士の先生を紹介する，あるいは事件解決後を見据えて再発防止策の策定についてアドバイスをする，というサポートを行っています。

　日税連保険サービスが公表している事故事例を見ても，非常に難易度が高くて気づきにくい論点がミスの原因というものは少なく，チェックリストがあったら必ず項目の1つに挙がっているようなオーソドックスな内容であることが多いです。

　誰だってミスをしようと思ってするわけではなく，後から考えたら「そりゃ気づくでしょ」と自分に突っ込みたくなるレベルなのに，それでも気づかないのが税賠の怖さなのです。

第4章 クライアントの違法行為

　クライアントが脱税や仮装隠蔽を行おうとする場合，私たちは説得するか，あるいは顧問契約を解除して近づかないようにするか，いずれかを選ぶことになるでしょう。しかし，私たちにも隠れて，あるいは私たちをも騙して脱税をしていた場合に，それが発覚したときはどのように対応すればよいでしょうか。
　そして，そのようなクライアントに関わるがあまり，担当職員や担当税理士がクライアントに加担してしまったようなときは……。
　これは，私たちの資格にも関わってくる重要な問題です。

1 訪問時の報告メールは経営トップにも

▶東京高判令和元年5月30日（LEX/DB：25590666）〈税理士勝訴〉
▶東京地判平成30年12月18日（LEX/DB：25558934）〈税理士勝訴〉

1　税理士は原資料の確認義務を有する

　自計化しているクライアントを毎月訪問し，記帳内容のチェックを行う場合，記帳業務を受任しているクライアントと比較して，クライアントの処理内容を一定程度信頼していませんか。○○さん（経理担当者）が記帳しているから大きな間違いはなさそう，と思うこともあるでしょう。一方，クライアント側は，「税理士に毎月見てもらっているから安心」という認識を持つようです。

　毎月の訪問時に，どの資料を確認して，どの数字との照合を行ったのかという具体的な作業内容について，後日第三者に示す必要が生じたとしても，詳細に記録に残している会計事務所は少数派で，提示するのがなかなか難しいことが多いように思われます。

　本件の原告である元クライアントの経理担当者は，ある時から会社預金を横領し始め，会社の当座預金から自身の口座等への振込みを継続的に行っていました。当然，当座預金照合表と帳簿上の残高は合致しなくなります。

　以前は被告である顧問税理士の月次訪問の際，当座預金照合表と帳簿との突合を行っていましたが，横領が始まってから，経理担当者は照合表を提示しなくなりました。提示できない理由は腑に落ちるものではありませんでしたが，当時，被告税理士は，毎月の訪問の際に照合表を提示されていない点について，あえて経理部長等に確認を求めることまではしませんでした。

第4章　クライアントの違法行為

　その後横領が明るみになり，被告税理士は，月次試算表作成の際に当座預金照合表を確認していれば経理担当者の横領を防げたとして，クライアントから損害賠償請求を受けることになりました。
　裁判所（高裁）は，振替伝票作成までをクライアントが行う場合は，単に経理担当者が作成した振替伝票を会計帳簿に転記するだけでは足りず，振替伝票作成の基礎となった原始資料等と照合するなどして，クライアントが作成した振替伝票の記載の妥当性や正確性を確認すべき契約上の義務を有するものと認めるのが相当であるものの，本件のようにクライアントから適切な資料が提供されないときは，経理担当者に対し，必要な資料の提出を促すことをもって上記注意義務を尽くしたことになる，と判示しました。
　そして，本件においては，被告税理士が経理担当者に当座預金照合表の提示を求めていたとの事実認定がなされたうえで，その依頼を行っていることで注意義務を履行したものと認めるのが相当であると判断され，被告税理士側が勝訴しました。

2　訪問時の報告メールは経営トップにも

(1)　資料不提示の期間と理由から異常を感知する

　月次訪問を行って記帳内容を確認しているクライアント先において，当座預金照合表を確認できない事態が継続するのは「異常」と認識すべきだと思います。
　金融機関の事情で入手が遅れているなど，1か月程度確認ができないことはありうるかもしれませんが，その状況が2〜3か月継続した場合には，念のため社長や経理担当者の上司等に事実関係を確認すべきという認識を持ったほうがよいでしょう。また，経理担当者が，当座預金照合表を提示できない理由を明確に答えられない場合には，直ちに横領や使い込みを疑ったほうがよさそうです。

101

キャッシュに関わる部分はクライアント側で当然合わせているだろうとの先入観から，クライアントを信頼し，確認のレベルを下げてしまうこともあるかもしれませんが，クライアントに対してプラスアルファのアドバイスを行うためにも，貸借対照表の把握こそ基本であり，おろそかにすべきではありません。

　ただし，クライアントによっては，税理士に対し，現預金の残高の確認までは委任しない場合もあるでしょう。そのような場合は，クライアントとの契約において，その業務が受任範囲外である旨，記載しておくことが望ましいと思われます。

(2) 重要事項を記載した送付状は必ず保管を

　本件で，被告税理士は原告クライアントに対し，毎月訪問後に確定した月次試算表を郵送しており，問題の月には，送付状に「当座預金照合表との突き合わせはしていない」旨を明記していたとのことです。しかし，送付状の控えは保存されていませんでした。

　原告クライアントの経理部長は，もしそのような送付状を見ていたとしたらすぐに経理担当者に確認したはずだから，送られてきていないと主張しました。本件では経理部長の尋問は行われませんでしたが，もし実施されていたら，裁判所の事実認定が異なっていた可能性もあったのではないかと思います。

　後日，起こるかすらわからないトラブルにおいて，どのような証拠がカギとなるかは誰にもわかりません。しかし，クライアントとやりとりした具体的な内容はすべて系統立てて保管する習慣をつけておくのがよいと思います。

(3) クライアントへの報告メールは経営トップにも送信を

　被告税理士は，原始資料等との照合を行い，振替伝票の記載の妥当性や正確性を確認すべきとされているところ，本件では，当座預金照合表の提示を求めることで義務を履行したと認められています。しかし，実際には，これ

らの一連の行動に関する事実について，被告税理士側は具体的な証拠を提出できていません。

　すなわち，①横領が行われる前に当座預金照合表との突合を行っていた事実，②照合表が提出されなくなった経緯，③照合表との突合を行わずに月次試算表を作成していた事実のいずれについても，陳述書と尋問により結果的に認定はされたものの，たとえば当時送付していた郵送物や面談録，業務日報など，客観的に上記事実を示せる証拠は何一つ残っていませんでした。

　また，原告クライアントへの定時報告は郵送で行われていましたが，郵送による場合には，原告クライアントの経営トップに情報が正確に届くとは限らないことを想定する必要があります。横領を行っている経理担当者は，会計事務所からの自社宛の郵送物を社長や上司の目に触れないよう，事前に処理してしまうおそれがあるためです。

　したがって，社長や上司に直接届けることができ，また，送付したという事実を証拠として残すことができる，電子メールという手段で報告を行うことが望まれます。

3　原資料の特定のための工夫を

　訪問時にクライアント先で手交された原資料をその場で確認して返却するというルーティンの場合，後日，すでに確認した資料とそうでない資料との区別がつきにくくなります。そのため，クライアントに提出する報告書に，たとえば，「6月分の仕訳に対応する証憑は確認済（No.XXについては未確認，後日提出を依頼），その他9月実施の大規模修繕に関するA建設の見積書を確認（PDF送付を依頼）」などと具体的に記載して，確認済の原資料に関する言及を行っておくとよいでしょう。

　本件では結果として被告税理士が勝訴していますが，税理士が担うべき義務がより広範に解されています。月次訪問時と訪問後の報告については，従来以上に注意が必要となったといえます。

2 多額の交際費の内容は必ず確認せよ

▶東京地判平成30年11月7日（LEX/DB：25557796）
〈税理士勝訴，高裁にて和解〉

1 相手先不明の交際費は社長のクラブ通い

　クライアントの帳簿に交際費が多額に計上されているのを確認した場合，どのように対応しているでしょうか。相手先，接待した取引先の参加者など，税法で必要とされている要件をすべてチェックしているでしょうか。

　本件は，オーナーが個人的に通っていた銀座のクラブの多額の領収書を，交際費としてグループの複数の会社に分けて計上していたことが税務調査で判明したクライアントから，税理士の指導不足により重加算税を課されたとして提訴された事件です。被告税理士法人は，提訴したクライアントに対し，逆に未払報酬の支払を求めました。地裁では，重加算税の賦課には税理士法人の善管注意義務違反はないとして税理士法人が勝訴し，税理士法人が求めた未払報酬の支払請求が全額認容されましたが，高裁では，税理士法人が支払を求めた報酬のうち，半額程度を受領する内容にて和解となりました。

2 多額の交際費の内容は必ず確認せよ

(1) クライアントの意向にかかわらず指摘・指導を

　オーナー企業においては，交際費規程等が存在せず，社長その他の同族関係者が自身の裁量で多額の費用を支出することが可能です。中小企業の800

万円の交際費の限度額以内であれば、税務上特段の制約なく損金計上が可能であると誤解しているクライアントも少なからずいるかもしれません。

　交際費については、税務調査においてもチェックされることが多い項目で、その会社の業務上必要なものなのか、私的な支出に該当しないか、参加者の人数等に誤りがないか等についてたびたび確認されます。

　同一の店舗に対して高い頻度で支出がある場合には、特に同行者についても問題となることが多く、本件のクライアントのように私的な支出を行っていたことが発覚し、役員賞与として否認されることが懸念される場合には、税理士としてはそのような指摘がなされるリスクを前もってクライアントに伝え、時には費用計上を断念させることも必要となるでしょう。クライアントの意向であるからと指摘や指導を行わないと、本件のように後にクライアントから提訴される可能性もありますし、本件とは異なり、重加算税を課されたことについて、ある程度の責任を負うべきと判断される可能性もないとはいえません。

　交際費の調査においては反面調査が行われることも多く、当局において参加人数等の把握もできることから、クライアントの情報を鵜呑みにすると、後に調査官から異なる事実を指摘される可能性もあります。

　本件では、税理士法人は記帳を行った時点において交際費を仮払処理しており、「参加者の氏名と貴社との関係等の確認が取れ次第、交際費へ振替」と月次報告書へ記載していました。この記載は、交際費についてきちんと確認を行っていることがわかる資料として適切であると思われます。このような指摘を行いつつ、最終的に参加者の氏名等を確認しないままに交際費に振り替えてしまった経緯については明らかではありませんが、もし私的な飲食である点が確認できていれば交際費としての計上が不適切であることが判明し、当初から経費として処理せず、重加算税の賦課も防げた可能性があります。

(2) 税務調査の内容は迅速かつ適切にクライアントに報告を

　税理士法人は，当局と折衝のうえ，代表者の私的使用の費用につき，役員賞与ではなく代表者に対する貸付金として処理することを勝ち得ました。役員賞与に該当したとすると源泉所得税の負担があり，さらに所得税の修正申告も必要となるところ，分が悪い納税者にとってベストと思われる結果を得ています。この折衝の結果について，税理士は，交渉当日のうちにクライアントにメールで報告しています。

　税務調査の経過については，クライアントが状況を理解しにくい場合も往々にしてありますので，このように早めに報告することで，クライアントが状況を理解でき，またクライアントの不安を和らげたりする効果もあると思われます。また，クライアントに対しては，口頭，電話等で報告することも多いと思われますが，メールで（またはメールでも）報告することで，後になっても，当時，迅速かつ適切な報告を行っていたことを立証することができます。

(3) 重加算税の賦課についての説明を

　税務調査において，クライアントに重加算税が賦課される事態というのは，好ましいことではありませんし，クライアントとのトラブルが起きやすいものです。

　税務調査，特に当局の反面調査等によらないと全容が明らかにならない場合もありますが，同じ相手先に対する多額の出費がある場合，取引先が明らかでない等の場合には，私的利用が十分に考えられます。そのため，金額や頻度を勘案してあらかじめクライアントに対し，リスクを伝えておく必要があると思われます。取引先の相手方を明らかにしないだけでなく，事実と異なる相手方を伝えることも仮装隠蔽に該当し，重加算税の対象となることについても伝えておく必要があるでしょう。

　このようなことについて伝えると，クライアントとの関係性に影響を及ぼ

第4章 クライアントの違法行為

す可能性があることから，伝え方には留意すべきでしょう。ただ，関係性が悪くなることを懸念して伝えるべきことを伝えない場合，税理士側にもリスクが生じてしまうことは認識しておく必要があります。

また，調査の結果として，致し方なく重加算税が賦課されることとなった場合には，そのような処分に納得できないクライアントとその後の顧問関係が継続できない場合が多いですし，税理士側としても顧問関係を解消したい場合もあるでしょう。その場合にも，しっかり説明を行ったことについてはエビデンスを残しておくことで，後のトラブルに備えることができます。

3 グループ内の複数の会社との契約を整理する

本件においては，税理士法人はグループ内の複数の会社とそれぞれ契約を締結して，その数年後に一部の会社との契約について見直しを行い，覚書を締結し報酬の改定が行われました。

この対応には特段問題はないはずなのですが，クライアントからは，覚書を締結したことでグループ全体の税理士報酬を1つにまとめた，したがって報酬の改定が行われていない会社との契約はなくなったとの主張がなされました。

この点について，クライアント側の主張は排斥され，税理士法人の主張が認容されましたが，確かにグループ内の一部の会社についてのみ契約の改定があった場合には，グループ全体の報酬額はわかりにくいように思われます。このように，グループ内の一部の会社のみで契約の改定を行った場合には，報酬総額についての確認を兼ねて，メール等で連絡をしておくことが，後の誤解を防ぐために望ましいと思われます。

107

3 ダメなものはダメとキッパリ

▶東京地判令和3年3月24日（LEX/DB：25588735）〈税理士勝訴，高裁にて和解〉

1 家事上の経費の混入を見過ごして重加算税

　家事費や家事関連費の経費への混入が見受けられた場合は，どのように注意するでしょうか。もちろん，「経費にはなりませんよ」と伝え，クライアントに「わかりました」と納得してもらえれば一番いいですが，○割ぐらいは経費として認めてもらえないか，納税額が前年と同様となるようにしてほしい等と依頼されることもあるかもしれません。

　本件では，原告である医師が，自身が百貨店で購入した高級婦人服等の領収書を百貨店に依頼して約10万円単位で分割して作成させ，その領収書をその他の家事費や家事関連費が混在した多数の領収書とともに，税理士に提出していました。税務調査によって領収書の分割行為をはじめ，旅費交通費の大半が私的旅行であるなどの問題点が発覚し，修正申告を余儀なくされ，さらに領収書の分割行為については仮装隠蔽であるとして，過少申告加算税と重加算税を合わせて500万円余が賦課されました。

　クライアントは，当初委任していた税理士に対し，経費とならないものについてきちんとした指導がされておらず，これらを経費として確定申告することによるリスクも伝えられていないとして税理士を提訴し，当初から指導がなされていれば，修正申告の必要もなく，重加算税を賦課されることもなかったと主張しました。地裁は被告税理士には善管注意義務違反はないとして原告クライアントの主張を退けましたが，高裁では被告税理士側が50万円を支払うことで和解となりました。

第4章　クライアントの違法行為

2　ダメなものはダメとキッパリ

(1)　領収書の分割行為を見過ごすべからず

　原告クライアントが百貨店に作成させていた手書きの黄色の領収書は，金額が印字され，レジシステムから出力される通常の白色の領収書とは様式が異なっており，原告クライアントはこれらが接待交際費や消耗品費等に該当するとして被告税理士に提出していました。
　地裁は，金額が手書きの領収書について，おおむね10万円程度のものであったことが認められるとしても，これらの手書きの領収書が発行日まで改ざんされて，あたかも複数の品物を別々に購入したように装われていたことまで被告税理士が見抜くのは困難であると認定しました。
　地裁はこのように認定したものの，実務的に考えると，本件において改ざんがなされた金額を見る限り，上記の分割行為は1年に1～2件程度ではなく，かなり頻度が高く行われていたようです。通常の医院の消耗品費であれば，医業関連企業からの買掛金等で対応することが多いと思われるため，10万円程度の百貨店の手書きの領収書が相当程度存在した時点で，領収書の真偽を怪しむのが通常ではないかと思われます。
　本件は，地裁で被告税理士が勝訴しましたが，一転，高裁では和解となり，被告税理士が和解金を支払う形で終結しています。高裁の裁判官としては，地裁の判断にいくらか疑念を持っていたことが推測されますが，その疑念の対象は，①業務関連性のある領収書でない限り，必要経費として算入することができないことについて，被告税理士から原告クライアントに対する指導が不足していたと思われること，また②改ざんが疑われる領収書を多数目にしながら，原告クライアントの要望に屈して必要経費に算入していたことの2点ではないかと思います。領収書の改ざんを行い，重加算税が課された責任は原告クライアントにあるものの，この結果には，申告書作成に関与した

109

被告税理士も全く無関係ではなく，一部分ではあるにせよ，被告税理士にも負うべき責任の一端があったと考えたものと思われます。

(2) 指導に使用するメモは手交にとどまらずメールで送る

ただ，被告税理士の事務所の担当職員も，原告クライアントの言いなりとなって何の対応もしなかったわけではありません。担当して初めての確定申告を終えた後，必要経費該当性に関する問題点について，所長とともに訪問のうえ，原告クライアントに対し，受領した領収書をすべて必要経費にできるわけではないとの説明を行っています。もしこの指導で原告クライアントが改心し，定期的に領収書を被告税理士に手交し，被告税理士による管理が行われることについて了承していれば，本件も起きなかったと思われます。しかし，原告クライアントは，この打ち合わせ以後も，家事費と経費とが混在した段ボール箱いっぱいの領収書を確定申告期限直前に被告税理士に提出するというスタイルを変えませんでした。

この打ち合わせの存在については地裁に認定されていますが，原告クライアントは，担当職員が説明用のメモを当日手交したという事実を否定していたので，裁判所に確実に認定されるかどうかは危うい状況でした。このような対面での打ち合わせについては，重要性が非常に高いものの，証跡を残すことが難しいという課題があります。そのため，打ち合わせの議事録をきちんと作成するとともに，その議事録に手交等したメモを添付したうえで，メール等でクライアントへ送信しておくことが重要です。

(3) 愛あるムチで将来のリスクを回避する

被告税理士がきちんとした税務指導を行わなかったとする原告クライアントの主張を補強する証拠として，後任税理士が作成した陳述書には次の記載がありました。

「これまでの税理士，公認会計士の先生の下ではそうした作業（筆者注：毎月の経費のチェック）がまったくなされておらず，領収証を渡して経費計

上についてはお任せという状態になっていたことがわかりましたので，私のところでは個別の領収証を厳しくチェックし，経費計上の範囲が問題となることがないように厳しく絞りました。そして翌年以降，毎月の資料提出と報告を受け，それに基づき，経費計上と申告をしています。こうしたことをしっかり指導していれば，今回のような過少申告加算税とか重加算税という事態は避けられたはずです。」

　被告税理士についても，このような指導を一切放棄し，原告クライアントの希望どおりにすべての経費を計上していたわけではないであろうことは，裁判記録からも十分読み取れます。むしろ，同じような指導をしたものの，原告クライアントの態度は一向に改まらなかったともいえるでしょう。原告クライアントが態度を改めたのは，後任税理士の指導が長けていたというより，多額の重加算税等が賦課されたことによるものとも思われます。

　納税者による多額の脱税が明らかになるという難しい税務調査において，納税者を粘り強く説得し，調査の早期終結と正しい納税を目指して尽力した被告税理士の姿勢も，一定程度評価されるべきと思います。ただし，あるべき姿を示し，認められないものは認められないとの正論を伝え，納税者をきちんと納得させるという点については，被告税理士の行動は後任税理士の後塵を拝していたといわざるを得ません。

　税理士には，自身のクライアントにつき，少しでも有利な納税額となるようなアドバイスを行うことが望まれますが，一方でより多くの経費の計上を望み，自身の納税額を減らすことを希望する納税者を指導し，正しい納税を実現させなくてはなりません。このためには，ダメと言うべきときにキッパリとダメと言うことで，厳しいと思われる指導を行うことも必要となります。それが，将来の重加算税や更正処分を防ぐための愛のムチなのだということを，クライアントに正しく理解してもらうことが肝要です。

3 税務調査の説明は電話等でニュアンスまで伝える

　本件では，診療を優先したいという原告クライアントの意向で，税務調査中の原告クライアントとのやりとりについて，すべてFAXとしてほしいとの依頼を受けています。
　ニュアンスが非常に重要と思われる税務調査の場面において，FAXというツールは，クライアントと最善のコミュニケーションをとるという意味では電話や対面でのコミュニケーションに劣るものの，事態を正しく伝えるという意味では一定程度役割を果たしていたと思われます。
　FAXの記載内容からは，被告税理士が税務調査にしっかり取り組んだうえで，何とか妥結点を見出そうとしていることが非常によくわかりました。しかし，やはり電話等によって，当局の指摘事項を説明しつつ，改めるべき点等を伝えていれば，原告クライアントとの方向性の違いが生じることもなかったように思われます。
　なお，被告税理士は，税務調査の経緯の説明にあたり，原告クライアントの納税すべき額が約4,500万円であるにもかかわらず，FAXに約45万円と誤記してしまいました。最終的に，この誤記については，本件の結果には大きな影響を及ぼしていないと思われますが，FAXと並行して電話でのコミュニケーションを行っていれば，この誤記にもすぐに気づいたと思われます。クライアントがFAXのみでのやりとりを希望したとしても，忙しい時間を避けるなどの配慮をして電話等による報告も適宜行うことで，コミュニケーションの向上に努めるべきだったのではないかと思います。

4 脱税加担の依頼には毅然とした態度を

▶東京高判令和4年5月25日（判例集未登載）〈税理士一部敗訴：76万円〉
▶東京地判令和3年8月4日（LEX/DB：25601405）〈税理士勝訴〉

1 事務所職員が脱税に加担し重加算税を負担することに

　会計事務所が脱税幇助をしてはならないということは，たとえ無資格の事務所職員であっても認識しているでしょう。ただし，これも経費に入れてほしいとクライアントから頼まれたときに，それを断固として拒否できる職員ばかりではないかもしれません。

　本件は，クライアントの代表取締役から，知人Xが準備した領収書等を自身の法人の経費として計上するように依頼された事務所職員が，毎月受領した領収書を経費として記帳していたところ，そのクライアントに東京国税局の査察が入ったことでクライアントと代表者等が法人税法違反の罪に問われ有罪となり，また，本来納付すべき法人税のほか，多額の重加算税等を賦課されることとなりました。その後，原告クライアントは，この脱税には事務所職員が加担していたとして，会計事務所を提訴しました。有罪となった原告クライアントとしては，事務所職員が注意してくれなかった，やめるように指導されたらこのようなことは行わなかったとして，被告税理士の善管注意義務違反を主張しました。

　地裁は被告税理士の善管注意義務違反を認めませんでしたが，高裁では一転，認められることとなり，9割の過失相殺後，原告クライアントに賦課された重加算税等の1割につき，被告税理士が負担すべきこととされました。

2 脱税加担の依頼には毅然とした態度を

(1) 脱税加担は誰のためにもならないと認識せよ

　原告クライアントが脱税することとなったきっかけは，知人Xから，自身が用意した領収書等を会社の経費とする手法を持ちかけられたことでした（知人Xも法人税法違反で有罪となっています）。

　この話を聞かされた事務所職員Aは，原告クライアントの代表者に対し，「まずいですよ」と1度忠告したものの，同様にこの行為に逡巡した職員Bに対し，「やるしかないだろう」等と伝えるなど，原告クライアントの行為を受け入れるよう指示しました。そして，原告クライアントから毎月領収書が送られてくるフローがスタートすると，そのフローに従って領収書を受領することとなったBの上司として，Bの行為をやめさせることなく，また，原告クライアントの一連の行為について所長への報告も行いませんでした。

　Bは，当初は不正行為に対する躊躇があったものの，毎月，領収書の枚数や合計金額等について原告クライアントへの報告を行っているうちにそれがルーティンとなってしまい，悪いことに加担しているという認識も薄まっていってしまったのではないかと思われます。原告クライアントが「買い取った」領収書が送付されてくると，相手先ごと・費目ごとに区分し，金額を集計して原告クライアントの代表者への報告を毎月行っていました。

　また，当初は，買い取った領収書を原告クライアントの代表者から受領していましたが，タイムラグ解消のため，知人XからBへ領収書を直接送るよう原告クライアントの代表者が指示したことで，Bは毎月Xより送られてきた，原告クライアントの経費には該当しないことが明らかな領収書につき，整理・集計と原告クライアントの代表者への報告を行うこととなりました。さらに，使わなかった不要分の領収書の知人Xへの返却についても，Bが担当していました。

第4章　クライアントの違法行為

　会計事務所の仕事には，その性質上ミスをしない，細かくチェックするといった勤勉さが求められるため，会計事務所の職員にはおおむね真面目な方が多いように思います。そのような職員は特に，上記のような毎月のルーティンがスタートしてしまったら，その作業を期日に遅れずに正しく行うことに意識が向いてしまい，当初の疑念がだんだん薄れてなくなり，作業を行わなければならない責任感のほうが強くなって，継続的に関与してしまったのではないかと思いました。

　また，いったん始まってしまうと，その後にこれはやめるべきと主張するのは，当初の指導の撤回となり非常に勇気のいることとなってしまいます。したがって，このような場合は最初が肝心です。その最初の時に，これはダメとクライアントに言わなければならないと思います。

(2)　サービスとして行ってよいことを弁(わきま)えよ

　地裁は，架空経費の計上について，AやBに指示するなどして主体的に行ったのは原告クライアントの代表者であると判示し，Aが是正を促したものの，原告クライアントの代表者が重ねて架空の経費の計上を指示したと認められることから，被告税理士側の善管注意義務違反を否定しました。このように，地裁では，あくまでも職員AやBの関与は消極的なものと捉えられていました。

　一方で，それまで旅費交通費については，年度末に原告クライアントの代表者から金額を言われ，その金額を各月に適当な金額に振り分け，摘要に「精算書より」と記載して記帳していましたが，その「精算書」については当然のことながら実際の旅費交通費が発生したものではないので，作成されていませんでした。ところが，原告クライアントに税務調査が入ることとなったため，精算書がないのは不都合と認識したAは，原告クライアントの代表者に相談することなく，従業員名簿をもとに，交通費の使用者や行先を適当に入力する等の手法により，従業員各人別に交通費等精算書を作成しました（117頁参考参照）。

具体的には，従業員各人の名前の印鑑を購入して準備し，偽造した各精算書の所定の欄に押印し，その後原告クライアントの代表者の承諾を得て会社印を押印する，または原告クライアントの代表者の名前の印鑑を購入し押印する等して，精算書がいかにも本物であるかのように作成していました。行先については，原告クライアントの業種と関連する企業のリストをインターネットで検索し，その企業に出張したものとして精算書を作成していたとのことで，そのリストについても査察の際に事務所から押収されたことで，この具体的な手法が判明したのでした。

　これは東京国税局査察部の取調べの際に当局の担当官が作成した質問てん末書に記載されたAの回答内容ですが，高裁においてこのてん末書が原告クライアント側の証拠として提出されたことで，職員AやBの関与も単に消極的なものではなく，「架空経費の計上を主体的に行ったのが原告代表者である」との地裁の判示が必ずしも正しくないことが明らかとなりました。これが最終的に，被告税理士の逆転敗訴につながったように思います。

　AやBの行為は，原告クライアントの代表者が架空経費の計上を企図したことが元となっているわけですが，そうはいっても交通費等精算書といった嘘の書面の作成につき，出張先の選定から印鑑の購入までして行ってしまったことは，原告クライアントの脱税に積極的に関与したと認定されても仕方のない内容でした。

　偽造の交通費等精算書の作成には多くの時間を要したことから，AやBは，原告クライアントの代表者から金員等を受領しているのではないかと，所属事務所の所長から確認されることとなりました。特に追加の報酬や見返りなどもなく，かなりの作業量の業務を行っていたことに，所長は意外性を感じたかもしれません。Bの上司であるAは，自身が架空経費の計上への関与を認めてしまったことから，つじつまを合わせるための精算書の作成まで「責任を持って」取り組まざるを得なくなってしまったようですが，せめてこのような事態となる前に所長に相談し，脱税行為への加担をやめなければならなかったと思います。

第4章　クライアントの違法行為

【参考】交通費等精算書

20××年●月		交通費等精算書	
		承認者	担当者
月日	訪問先	交通手段	金額
5月13日	△△システム開発㈱	JR××⇔▲▲	680円
5月16日	α社	東京⇔横浜	1,080円
5月18日	β社	○×タクシー	2,150円
	・・・	・・・	
		合計	18,500円

●記載事項は，すべて職員AおよびBによる架空のもの
●訪問先については，原告に関連しそうな企業をWebで調査してその会社名を記載
●交通手段および金額についても，矛盾のないように記載
●上記の精算書を，従業員全員分について作成
(出所）訴訟記録をもとに作成

(3) クライアントに対する忠誠心は本来のサービスで発揮せよ

　職員AとBは，「旅費交通費は領収書がなくても計上できます」と述べたこと，さらに原告クライアントの代表者にオペレーティングリースの節税商品を勧めたものの，その後にリーマンショックが発生したためその商品で原告クライアントの代表者が損害を被りそうになり，後ろめたく思っていたことなどから，積極的に偽の精算書を作成するという行為に及ぶこととなったようです。そして，領収書がなくても経費計上には問題はないと伝えてしまった手前，その後に「年額でいくら」と言われることとなり，自身で精算

117

書を何とか作成しなければという思考回路が働くこととなってしまったようです。

　脱税しようとまでは思わなくとも，税金を少しでも安くしたいとの思いから，少しなら架空経費を計上してもよいのではないかと思うクライアントはやはりいると思います。クライアントがちょっとした出来心から犯罪に手を染めてしまわないよう，第三者としてすぐ近くで注意できるのは税理士だけだと思います。

　クライアントに対して，脱税は犯罪である，不正は行ってはいけないと指摘することこそ税理士の職務であると思います。伝えるべきタイミングを逃してしまうと，その後に指摘したり手を引いたりすることが，より大変になってしまうことを肝に銘じ，クライアントのためを思う心は本来のサービスで発揮しましょう。

3　査察では事務所のパソコンも押収される

　税務署の行う税務調査でも，広範な資料を提出せざるを得ない状況に陥ることがありますが，査察の担当官が来た場合は，必要性の有無等を確認することもできず，査察官が洗いざらい書類や物品を押収していくのをただ見守るしかありません。

　税務調査であれば，証憑や資料等の提出の時点で，ある程度のコントロールが可能かもしれませんが，査察の場合は一切の手出しができないことに留意する必要があります。特に会計事務所においては，クライアントとのやりとりのなかで，当局の担当官の目に触れては困る内容のメールを送受信する可能性もあるでしょう。本件では，被告税理士のもとにも反面調査として査察官が訪れ，職員AやBが作成した資料だけでなく，業務上使用していたパソコンなども押収されることとなりました。

　査察官が会計事務所に赴くことは通常は想定しにくいことですが，このような例もあることを頭の片隅に置いて業務を行う必要があるように思います。

Column　経費になるのかならないのか

「経費の領収書を送ってください」とお伝えしたときの対応は，クライアントによってさまざまです。最も多く，また一般的と思われるのは，旅費交通費や交際費関連の経費を中心に，名義が会社宛となっている領収書を送付してくるクライアントですが，なかには，これは明らかに個人の費用では……？　という領収書を送ってくる方もいるようです。

筆者が担当したのは後者のクライアントでした。このクライアントは，何とか経費を多くしてほしいと思っている，はてさてどうやって説明しようかと思案していたところ，よくよく話を聞いてみると，実際には無理やり経費として認めてほしかったわけではなく，単純に，どのようなものが経費となるのかをきちんと説明してもらいたかっただけということが判明し，拍子抜けしたことがありました。

消費税の制度の説明など，明らかに税務特有の論点であれば，事業者はわからないから説明しなくては，と準備するものの，経費になるかならないかについては，会社の社長であれば一般論として当然に認識しているだろうと思い込んで，説明をすること自体，頭になかったことに気づいたのでした。

その後，クライアントに経費になるかならないかの区分表を見せて説明したところ，その表に沿って領収書を提出してくるようになりました。

筆者が感じたのは，さまざまな領収書を受け取ったときに，「これも経費にしてほしいんだろう」などと忖度する必要はなく，「これはダメですよ」ときちんと伝えることで，多くのクライアントは従うようになるのではないか，税理士側がその説明の手間を省略してしまっているのではないかということです。

脱税したクライアントとの間の税賠訴訟の記録を見ていると，どう見ても経費と思えない領収書が証拠として提出されているのですが，これについても，税理士が真剣な「指導」をしていれば未然にトラブルを防げたのかも？と思います。

第 5 章

事務所規程・税理士法

　私たちが業務を行ううえで基本となるのが税理士法です。しかし，税理士法について積極的に学習する機会は少ないのではないでしょうか。税理士法のなかでも特に，第1条「税理士の使命」は，私たちの進むべき道を示している大切な条文です。

　また，会計事務所の内部規程を設けて，常にそのルールに従って業務を行うことで，ミスやトラブルを防止することができます。

　誰かが不正を働こうとしたときにそれを防止できる仕組みが存在することも，トラブルが発生しにくい体制づくりには非常に重要となります。

1　連絡の手段は定型的なフォーマットで

▶東京地判平成31年1月11日（LEX/DB：25559250）〈税理士勝訴，高裁にて和解〉

1　役員退職金の計上に関する説明をめぐるトラブル

　多額の納税が見込まれるときに，合法的な節税のアドバイスがほしい。これは当然にクライアントが税理士に期待していることです。

　時にクライアントは，リスクの高い費用計上を求めてくることもあります。その場合，税理士はそのリスクを説明し，クライアントに費用計上を断念させることもあるでしょう。そのようなアドバイスを電話や口頭で行った場合，後日，その内容や最終結論に至った過程について，第三者に対して具体的に説明することはできますか。

　本件では，原告クライアントは税務上過大と見受けられる役員退職金の支払を望んでいました。その原告クライアントの要望に対し，税務上の取扱いや，その取扱いが将来認められなかった場合に発生する納税額等について，納得する説明を行ったか否かが争点となりました。

　地裁は，役員退職金として税務上認められる概算の限度額に関する被告税理士側の判断を合理的であるとしたうえで，原告クライアント側が希望した退職金を支給した場合の税務リスクについて，被告税理士が十分説明をしたことから，原告クライアントは高額な役員退職金の支給を見送る決断を行ったと事実関係を認定し，被告税理士側の債務不履行を認めず，被告税理士側が勝訴しました。

　しかし，高裁では，税務リスクを説明した証拠のFAX（被告税理士の手書きメモ）の真実性を否定する原告クライアント側の主張を受けて，最終的に

和解で決着しました。被告税理士側の債務不履行が認定されたわけではありませんが、地裁で認められた役員個人に対する確定申告業務報酬を被告税理士側が放棄し、被告税理士にとっては地裁より不利な結果で訴訟が終了することとなりました。

2　連絡の手段は定型的なフォーマットで

(1)　重要な税務判断の内容とその説明は必ず記録・保管を

　本件では、被告税理士は、原告クライアントが希望する高額な役員退職金の支給を実行することで税務リスクが生じること、また、否認された場合に追徴となる税額について、電話で説明をしています。

　被告税理士が電話での説明を行う1か月ほど前に、担当職員がパソコンで作成し、原告クライアントにFAXした資料には、原告クライアント側が支給を求める退職金額を社長と配偶者にどのように配分して支給するか、また、支給を行った場合の税務リスクについて、場合分けされた説明が記載されていました。

　社長に適正額の役員退職金を支給する場合、配偶者に適正額を支給する場合、希望額を半額ずつ支給する場合（ただし、いずれに対する適正額をも超える場合）の3つの選択肢が示され、各々の場合における否認時の追徴税額がまとめられた文書であり、この資料については、原告クライアント側も受領した事実を認めています。

　しかし、この資料には、役員退職金の支給自体を取りやめるという選択肢は示されてなかったので、退職金支給の取りやめという最終結論との間には若干隔たりがありました。この隔たりを埋めるものが被告税理士の電話説明であったため、被告税理士側は、電話説明の時点において作成されたことがわかる手段を用いて（すなわち、訴訟等が発生してから後日遡って作成されたものではないことを立証できるような形で）、記録を残しておくことが望まれ

ました。

このように，電話，あるいは対面での打ち合わせで重要事項が決定された場合には，後日，当時の経緯や状況が示せるよう，記録や保管をしておく必要があります。

(2) FAXは送信履歴も合わせて保管を

本件で問題となったのは，クライアントに対する被告税理士の手書きメモのFAXでした。「先ほどのTelをまとめてみました。」との書き出しなので，単なる内部メモではなく，原告クライアントに送信したことが推定される内容ではあります。

しかし，当日にFAXしたとする被告税理士に対し，原告クライアント側は，FAXの受領だけでなく，被告税理士との通話自体を否定し，役員退職金の支給に対する税務リスクの説明は受けていないと主張しました。被告税理士はFAXの送信履歴を保管しておらず，税務リスクの説明を電話で行ったことについて，立証が不十分でした。

このFAX原本の保管の際に，FAXの送信履歴も併せて保存していれば，原告クライアント側も説明を受けたことを否定するのは難しかったのではないかと思われますし，高裁で被告税理士の債務不履行が問題になることはなく，被告税理士側の勝訴のまま事件が終了したのではないかと考えます。

本件のやりとりが行われたのは平成24年のことですが，最近の連絡手段はメールが主流と思われますので，メールを送信しておけば問題はないと思います。ただ，クライアントによっては，一部にFAXでのやりとりも残っているでしょうから，FAXの送信履歴の保管についても習慣づけておきましょう。

(3) 連絡は普段から同じ手段で

本件の原告クライアントに対する連絡は，通常，担当職員が行っていました。事務所内での連絡は手書きメモで行われ，クライアントへはパソコン作

成文書をFAXで送付していたようです。したがって，被告税理士が原告クライアントに行った税務リスクについての説明も，担当職員から，パソコン作成資料の形式でFAXされたほうが自然であったように思います。

逆にいうと，原告クライアントに対する連絡文書が，通常はパソコン作成のものであるのに，問題となったものだけが被告税理士の手書きメモであったことから，FAXの真偽が疑われることとなったともいえます。

このことから，クライアントに対する連絡は，普段から同様の手段や方法で行うことが，説明責任の履行を担保することにつながるといえます。

3 専門分野以外への関与には留意を

本件は，原告クライアントが，再開発の対象となった不動産を売却して事業を終了したことが発端でしたが，この不動産の売却交渉に被告税理士が関わっていたところ，その交渉が頓挫し，希望価格での売却が実現しませんでした。この時から被告税理士と原告クライアントの間に距離ができていたようです。

税理士が，税務顧問という枠を超えた，より幅広いコンサルティングを行うこともあると思いますし，その結果，より信頼される立場となる場合もありますが，専門分野以外への度を超えた関与には留意すべきでしょう。

2 事実関係把握のため契約書を入手せよ

▶東京地判平成29年10月30日（金法2089号82頁・TAINS：Z999-0171）
〈税理士敗訴：3,600万円，高裁にて和解〉

1 疑似SOの権利行使益を誤って給与所得として申告

　課税関係の判断のつきにくい所得があるクライアントの確定申告を引き受けた場合，どのような申告を行うでしょうか。保守的な申告，クライアントの税額が最も少なくなる申告など，いくつかの選択肢がありますが，最もリスクの少ない方法で申告をした後，更正の請求を行うことで加算税のリスクを回避するという手法もありうるでしょう。

　疑似ストックオプションの権利行使をしたクライアントは，権利行使を行った平成15年分と平成16年分の確定申告を被告税理士に依頼しました。受任した被告税理士は，権利行使益が給与所得に該当すると考えて申告を行いましたが，実際には，権利行使時には課税されず，権利行使益の申告は不要というのが正しい取扱いでした。誤った確定申告から数年経過後，別の税理士が嘆願を行いましたが納めすぎた税額は取り戻せず，被告税理士はクライアントの破産後に破産管財人から提訴され，地裁で賠償額3,600万円の敗訴となりました。

　高裁では500万円の支払での和解となりましたが，これは裁判所が認めた損害額が地裁に比べ減少したのではなく，単に敗訴した被告税理士に資力がなく，また，訴訟の相手方が破産管財人であったことからスピーディーな解決が求められ，加入していた税賠保険（1型……1事故当たり支払限度額500万円）の限度で損害額を支払うべきこととされたためにすぎません。

第5章　事務所規程・税理士法

　なお，裁判所が認定した損害額は2年分で2億円を超えています。原告である破産管財人は疑似ストックオプションの権利行使益につき，一時所得であることを前提として3,600万円の損害賠償請求をしていたのですが，もしこの当初の請求額がより多ければ，億単位の賠償額で被告税理士が敗訴していた可能性もありました。

2　事実関係把握のため契約書を入手せよ

(1)　課税関係の把握は正しい資料の入手から

　本件の対象となった疑似ストックオプション1,600株のうち，200株はクライアントが第三者から直接取得し，残りの1,400株については，会社が第三者に新株引受権付社債を発行し，その第三者から会社が買い戻した新株引受権をクライアントに付与したものでした。これらはいずれも，当時の税法においては，権利行使時には課税関係は発生しないはずでした。

　しかし本件では，被告税理士は，クライアントが勤務していた会社が作成したExcelシートのみを参照し，これらに関する契約書などについては一切入手せずに確定申告を行いました。

　会社から提示されたExcelシートを参照するだけでなく，契約書などの原資料がないかをクライアントや関係者に確認すれば，もう少し精緻な資料をもとに正しい課税関係を導くことができたのではないかと思います。

　Excelシートは，取引額の集計や項目の整理などのワーキングペーパーとしては大変役立ちますが，Excelシートだけを見ても，取引の事実関係が確認できるわけではありません。被告税理士が，本件の取引に関する資料を取り寄せていたとしたら，少なくとも第三者から取得した200株については給与所得に該当しないと判断できたのではないかと思います。

　訴訟における尋問でも，被告税理士は裁判官から，「第三者の場合には課税関係が変わる可能性があるとすれば，税理士としてそこについて○○さん

127

（筆者注：元クライアント）にお話を聞くべきではなかったですか。」（傍点は筆者）と質問されました。新株引受権についての詳細を確認すべきではなかったのかという質問は，原告代理人や裁判長から何度もなされましたが，被告税理士は「会社から頂いた資料（筆者注：上述Excelシート）を確認して，そこまで思いが至らなかったのは確かです。」と回答しています。

この尋問の状況から，専門家責任をきちんと果たしたか，その姿勢を重視する裁判官の強い意識が読み取れます。

(2) 課税関係の判断では条文検討や文献調査を怠らずに

本件においては，役務の提供の対価として付与された株式の価額等を定めた所得税法施行令84条が本件の取引に適用されるのか否かについて，被告税理士が，条文や文献を整理し検討した痕跡もありませんでした。

当時，疑似ストックオプションの取扱いについて，当局の見解を明確に定めた通達や質疑応答事例などはありませんでした。しかし，条文や文献などを参照のうえ，総合的に検討を行っていれば，たとえ保守的に給与所得としての申告を行ったとしても，その後に課税関係が発生しないとして更正の請求（当時においては更正の請求の期限が申告期限から1年間であったため，1年経過後は嘆願）を行うことも可能だったのではないかと思います。

そのような論点について，クライアントへの説明を一切行わず，給与所得ありきで申告書を提出した行動は，後にこの事実を知ったクライアントの関係者の不信感をより募らせることとなったようにも思われます。

(3) スピードを優先する場合はクライアントのリスクで

本件において被告税理士が受任した2年分の確定申告のうち，平成15年分については期限後申告でした。対象会社はIPOを控えていたため，未申告であった対象会社の代表取締役であるクライアントにつき，確定申告が至急で必要となったようです。

「可能な限り早く申告をしてほしい」と依頼されることは往々にしてあり

ます。この場合の申告作業にあたっては，限られた時間で資料を収集し，内容を検討することになるため，必要な資料がすべて揃わない，検討が十分でない，または論点が抜け落ちてしまうなど，さまざまなリスクが内在します。

しかし，至急での対応によってミスをしてしまったとしても，税理士が負うべき責任は基本的には減少しません。

したがって，依頼した資料がすべて得られない状況でも申告せざるを得ないときは，その旨クライアントに確認をとり，申告に必要な資料を提供できなかったことによるリスクはクライアントが負う旨の了承を得ることが必要だと思います。

3 破産管財人による訴訟リスクも念頭に

トラブルの発生を防ぐには，コミュニケーションが一番です。ミスがあっても，クライアントとの関係が良好であれば，すぐに提訴ということにはなりにくいものですが，本件は，元クライアントであった個人が破産したことで選任された破産管財人から提訴されることになりました。

破産管財人は，債権者への弁済を行う必要性から，破産者が築いてきた人間関係は特段考慮せず，資金の回収可能性があれば提訴という手段を用います。クライアントとの円滑なコミュニケーションだけではカバーしきれないトラブルが起こりうることも認識しておきたいものです。

3 重要な打ち合わせは担当職員同席で

▶東京高判令和2年7月29日（LEX/DB：25590668）〈税理士勝訴〉
▶東京地判令和元年12月23日（LEX/DB：25583710）〈税理士勝訴〉

1 青色取消事由の期限後申告はクライアントとの合意あり

　クライアントが青色承認取消しの処分を受けるというのは，税理士としてはできれば避けたい事態です。

　前期が期限後申告であったため，今期はどうしても期限内に申告しなければ……。そう思って原告クライアントの経理担当者を急かし，夜遅くまで残業し，何とか期限内に申告書が完成しました。ところが申告期限当日，原告クライアントが内容に不満を示し，原告クライアントと被告税理士の打ち合わせで期限内提出を諦めることとなったのでした。

　当然に青色承認取消しは原告クライアントも承知のうえと思っていたら，責任は被告税理士にありと提訴され，期限後申告は承諾していないと主張されました。しかし，打ち合わせの議事録はありません。被告税理士の事務所の担当職員にしてみれば，期限内の申告書作成のための作業に費やした自分の時間が報われなかったことへの徒労感が大きいのではないでしょうか。自分が打ち合わせに同席していたら，「青色承認の取消しを避けるために，とりあえず今の申告書を提出しておきましょう」と積極的に提案できたのではないかと，悔やまれるかもしれません。

　本件の原告クライアントは，上記の申告期限当日の打ち合わせの存在自体を否定し，被告税理士がきちんと対応していれば青色承認取消しは防げたはずと主張して被告税理士を提訴しました。

裁判所は，担当職員の申告書完成までの状況や，申告期限の翌月初旬に棚卸一覧表などが修正された経緯，原告クライアントが申告期限当日の面談の存在を前提としたFAXを被告税理士事務所の担当職員に送信していたことなどから，申告期限当日に面談が行われ，決算書と申告書について確認がなされたこと，また，その面談において，申告期限後に決算書を修正すべきことが協議されたものと認定し，青色承認取消しについては原告クライアントが合意したうえで期限後申告がなされたと判断しました。

2　重要な打ち合わせは担当職員同席で

(1)　決算作業に関する業務日報は作業の進捗を確認できる証拠

　本件につき，被告税理士の事務所の担当職員は，申告期限月である4月にかなりの作業時間を費やし決算に対応していました。2月決算の原告クライアントの会計データを受領したのは，何と3月27日でした。そこから決算作業を急ピッチで進めます。

　自計化済みの会社でしたが，未払金・買掛金の残高合わせから，人件費の確認，未計上の領収書の記帳まで，広範な作業を行う必要があり，担当職員は1日に約12時間をこの会社の作業に費やすなど，かなり負担の重い内容でした。申告期限の迫る4月下旬には，休日にLINEで原告クライアントの経理担当者へ連絡を行い，情報を得ようとしています。

　これらの内容は，担当職員の業務日報という形で記録が残されていました。作業日や要した時間だけでなく，作業の具体的内容まで記載されていたため，決算書と申告書の作成のための過程や進捗状況が手にとるようにわかりました。

　事務所の職員が作成する業務日報やタイムレポートをクライアント管理や人事評価に使用している例は多いと思いますが，これらの内容は，トラブルが生じた場合に，その時の行動を振り返ることができ非常に有用です。特に，

かかった時間に加え，作業内容や感想などが記載されていると，当時の詳細な状況の把握が可能となります。

(2) 訪問や面談の履歴はスケジューラーや手帳などで管理を

本件において，申告期限日の4月30日に被告税理士が原告クライアントを訪問したことの証拠として，被告税理士側は，会計事務所向けクラウドサービスのスケジューラーへの記載内容を提出しました。所長の予定は，日常的にそのスケジューラーを用いて管理され，その他の予定も多く記載されていたことから，裁判所も信頼できる内容と判断したようです。

このスケジューラーは，普段は職員や秘書が所長または同僚の予定を確認し，クライアント訪問や所内打ち合わせの日程調整を行うために用いていたものと思われますが，後日トラブルが発生した際，クライアントを訪問した事実を明らかにするうえで重要となります。もし入力した日時を特定できれば，内部資料ではあるものの，証拠力は比較的高いといえます。

また，このようなスケジューラーを使用していない場合でも，手帳などで自身の予定を記載・管理する習慣をつけておくとよいと思います。

(3) 決算確認や税務判断の打ち合わせは担当職員同席で

本件では，被告税理士の事務所の担当職員は，勤務日に行った作業内容などにつき，必ず業務日報へ記載していました。しかし，青色承認取消しがかかった非常に重要な打ち合わせについては，所長である被告税理士のみが訪問し，そこで話し合われた内容などの記録が一切ありませんでした。

もちろん，所長であっても，訪問後に議事録を作成し相手に送信しておくことができれば，クライアントとの認識のすり合わせのために非常に有用ですが，多忙な所長がこのような時間をとるのは現実的ではないでしょう。

本件のような場合には，日頃からクライアントとの連絡を最も頻繁に行い，会計帳簿の内容を把握している担当職員を同席させることで，上記のような問題を解消することができるのではないかと思います。担当職員が重要な打

ち合わせに参加すれば，業務日報に当日の打ち合わせの内容や打ち合わせで決定された事項を記載でき，万一の場合にも，打ち合わせが行われたことを確実に立証することができたはずです。

さらに，クライアントが「数字が違うのではないか」と言い出したときに，すでに事務所側で確認済や検討済の事項なのかどうかといった追加情報を担当職員から得ることもできたでしょうし，決算をまとめるにあたっての懸念点や留意点などについて，あらかじめ打ち合わせ前に所長に伝えることも可能であったかもしれません。そうすれば，打ち合わせの場で確認を行ったうえで決算書をすぐに修正し，期限後申告自体を回避できた可能性すらあるようにも思います。

このように，所長がクライアントの現況を常に完璧に把握できているケースは少ないと思われることから，決算の確認や税務判断が必要なクライアントと所長との重要な打ち合わせは，担当職員同席で行うことをおすすめします。

3　受任前に会社の状況について冷静な判断を

被告税理士が本件を受任したのは，決算期を1月経過し，申告期限まで1か月少々というタイミングでした。しかも，それまでは数期連続で担当税理士が交代していました。これらの状況から，申告期限までに決算を確定させて申告書を完成させることが非常に難しいクライアントであることが，受任前の時点で容易に推測できたと思われます。

知人経由で頼まれて断り切れなかった，あるいは新規の顧客を開拓したかったなど，事情はさまざまかと思いますが，受任前からトラブルが予測される案件については，関与するかどうか慎重に検討を行うべきでしょう。

4 職員の行動を確認できる仕組みづくりを

▶東京高判令和2年9月30日（LEX/DB：25592348）〈税理士敗訴：60万円〉
▶東京地判令和2年1月30日（LEX/DB：25584122）〈税理士敗訴：60万円〉

1 元クライアントの決算書を職員が偽造し金融機関に提出

　クライアントからの顧問契約の解除の連絡はあまりありがたくないものですが，もし契約解除の原因が担当職員の対応にあるとしたら，その担当職員を叱りつけますか，それとも，その担当職員に事情を確認するでしょうか。実は，ご自身の部下が，顧問先の契約解除を言い出せずに困っているなどということはないでしょうか。
　本件は，数年前に顧問契約を解除された元クライアントの決算書を偽造したうえで，事務所の上司に契約解除の事実を伏せたまま，新規取引先の紹介の依頼を受けた金融機関に対し，元クライアントの偽造決算書を提出した担当職員の事件です。金融機関から連絡を受けた元クライアントは，以前の税理士法人の担当職員が自社の決算書を偽造したと知り，この不法行為によって信用が毀損されたとして被告税理士法人に内容証明郵便を送付しましたが，今度は担当職員がこの郵便物を隠匿……。元クライアントから被告税理士法人に訴状が届いて初めて事態が発覚しました。
　被告税理士法人は，担当職員が，原告クライアントを金融機関に新規取引先として紹介したいと申し出たことにつき，原告クライアントの同意を得るように指示したと主張しました。しかし地裁は，そのような指示をしたのみでは担当職員に対する十分な監督が行われたものとはいえないと判断し，この担当職員による不法行為について，被告税理士法人に選任監督上の過失が

あったと認定して，信用毀損による無形損害額等として60万円の支払を命じました。両者とも控訴しましたがいずれも棄却され，地裁の判断が維持されて訴訟は終結しました。

2 職員の行動を確認できる仕組みづくりを

(1) クライアントとのメールには必ず上司をccに入れる

　本件の経緯を知ると，まず，顧問契約を解除された後，なぜ数年間も事務所の上司や所長が認識せずにいたのかが疑問に思われます。

　からくりは次のとおりです。担当職員は，原告クライアントから顧問契約が解除されそうになった時から，事務所にその事実が知られないよう，連絡先を自身の個人アドレスに変更しました。その後顧問契約は解除となったものの，この担当職員の隠蔽により自動引落の設定が解除されず，原告クライアントの口座からは顧問報酬が引き落とされ続けました（顧問契約解除後の報酬は訴訟中に被告税理士法人から返還されました）。原告クライアントの口座が解約された後は，担当職員自身が顧問料を補てんすることで，事務所への発覚を遅らせていました。

　クライアントとのやりとりが担当職員1人のみで行われると，その内容を他の担当者や上司が認識できず，問題が発生しやすくなります。やりとりするメールで上司がccに入っていれば，たとえば個人アドレスに切り替えた時点でクライアントからの連絡が途絶えたことに気づいたはずですし，偽造した決算書なども作れないはずです。

　クライアントからの日常的な質問への回答なども，回答案を作成したうえで上司の確認を経てから送信するほうが，ミスが少なく済みます。

(2) 申告書の提出・送信業務には担当職員以外の職員も関わるべき

　本件では，問題の担当職員が，偽造した原告クライアントの決算書を用い

て架空の申告書をわざわざ作成し，所内決裁に回付していました。これは，顧問契約解除となった事実を隠したために，所内の管理表上は，顧問の状況が継続していた原告クライアントの法人税申告書等を「提出済」としてチェックする必要があったためと思われます。ただし，実際に提出してしまえば，税務署からの連絡などによって架空の申告書であることが発覚してしまいます。実際には提出していないにもかかわらず,所内の管理表には「済」のマークを付けるなど，何らかの手段で提出済を装っていたものと思われます。

　このようなことは前代未聞のはずで，通常は考えにくいことですが，実際に事件が起きてしまった以上，同様の事態が生じることを念頭に置いて申告書提出のチェック体制を整えておく必要があると思います。具体的には，担当職員1人が「済」としただけで完結しない状況が必要と思われます。このような事故だけでなく，提出したと思い込んで実は未提出などというミスも防げるよう，複数の目を通ることで初めて提出完了のフラグが立つように工夫することが望まれます。

　昨今は大規模法人の電子申告が義務化されたこともあり，大半の申告書の提出が電子申告によるものと思います。電子申告完了後のe-Taxシステムからの受信メールや送信後の申告書データを，指定されたフォルダに格納したり印刷したりしておかなければ，電子送信が済んだかどうかはわかりにくいと思います（実際に，令和5年にはe-Taxシステムでの送信漏れによる事故も起きています）。

　複数の職員が関与し，送信作業やデータ整理を行うなど，不正や提出漏れを防ぐための仕組みが確立しているか，見直してみてください。

(3)　悪いことを報告できる雰囲気も大事

　自らのミスを上司に伝えにくいという心境は理解できますが，クライアントから顧問契約を解除される原因は，担当職員のみにあるとは限りません。クライアントの意向が，事務所の方針と合わなかったということもあるで

しょう。この担当職員が，契約解除されたことを何年間も伝えられず，しかも顧問料を自身で補てんまでしていた本当の理由はどこにあるのでしょうか。

クライアントと関わるなかで，怒られることもあれば，伝えにくいことを言わなくてはならないこともあるでしょう。そして，そのクライアントとのやりとりは，よいことも悪いことも含め，上司に報告する必要があります。ただ，上司に報告できる状況でなかったということは，上司や事務所の側にも相応の問題があったのではないかと考えられます。

クライアントに顧問契約を解除されたとき，必要以上に担当職員を叱ったり，成績を下げたりすることがないか，あまりに業績主義が行きすぎていないかなど，担当職員のモチベーションに影響を及ぼさずに管理体制を整える方策を考えるべきだと思います。

3　所長と社長のホットラインづくりを

本件の原告クライアントは，担当職員の対応の悪さもあって顧問契約を解除していますが，契約解除を考える前に，担当職員の交代を所長に求めることには思い至らなかったようです。たとえ担当職員の対応が悪かったとしても，所長の人柄に対する思い入れがあれば，簡単に事務所を替える選択は行わず，顧問契約が解除されることもなかったかもしれません。

所長が直接関与できる案件には限りがあるため，すべてのクライアントとの打ち合わせに顔を出すことは難しいと思います。それでも，所長であれば，クライアントにとって，単に請求書に名前が表示されている人ではなく，せめて顔と話し方が思い浮かぶくらいの存在となってほしいと思います。

5 独立トラブルは双方納得できる解決を

▶東京高判平成30年12月19日（判例集未登載）〈税理士敗訴〉
▶東京地判平成30年8月9日（LEX/DB：25556999）〈税理士敗訴〉

1 勤務税理士の独立トラブルで所長が事務職員を提訴

　会計事務所から独立する際に，長年担当したクライアントがついてきてくれるというのは，税理士としてはうれしい反面，所長との関係性がこじれ，「円満退社」とならない可能性も高まります。

　本件は，独立に伴い残務処理を行っていた勤務税理士が，確定申告に伴う資料の返却事務を事務職員に依頼したところ，その事務職員が行った郵送作業が，独立する税理士による顧客奪取を支援するものであったとして，事務所所長が事務職員を提訴した事件です。この提訴に先立ち，独立する税理士についても提訴したものの，所長としては何ら成果が得られないまま勤務税理士に対し未払給与の支払を行う旨の和解が成立していましたが，この和解内容に納得できなかった所長は，単に郵送作業を行ったにすぎない事務職員までも提訴するに至りました。当然ながら，事務職員には何らの落ち度もないと認定され，地裁・高裁とも事務所側が敗訴して事件は終了しました。

2 独立トラブルは双方納得できる解決を

(1) 独立時の違反行為は就業規則で定めを

　本件の所長税理士は，独立する税理士に対してあまりにも極端な対応を

第5章 事務所規程・税理士法

とっていました。しかし，独立トラブル自体はありうる話のため，検討してみたいと思います。

　事務所がクライアントからの信頼を得られるというのは，非常に望ましいことです。しかし，事務所の担当税理士はクライアントの内部情報を得るという立場にあることから，事務所全体としてのつながりより，担当個人とのつながりがより強固になる傾向にあるのが私たちの業界の特徴です。勤務税理士（所属税理士）が独立する際に，クライアントとして，今までと同じ先生に見てもらいたいと考えるのは自然なことだと思われます。

　ただ，所長税理士としては，これまで育てた職員が成長して巣立つのを喜ばしくまた寂しくも思う一方で，自身のクライアントを奪取されることは好ましく思わないでしょう。ここにせめぎ合いが生じます。退職する前に，クライアントの情報を持ち出そうとしていないか，クライアントへの不当勧誘を行っていないか，チェックしたくなる気持ちも理解できます。

　このようなトラブルを防ぐためには，原則として就業規則に定めを置くことで対処する必要があります。退職して独立する予定の税理士が，退職前に，就業規則に反したクライアントの勧誘行為を行うことは認められておらず，処罰の対象となります。

　退職する税理士は，自身が行う行為が就業規則に違反していないかどうか確認する必要があり，また，違反と見られるような紛らわしい行動は控えるよう，留意する必要があります。

　本件では，退職予定の職員がデスクに座っている際には，背後1メートルに監視の職員を付けられて業務を行い，デスクを離れるときにはその職員に断りを入れる必要があったということのようですが，このような措置は行きすぎと思われますし，そもそも所内規程が整っていればこのような対応は不要と思われます。

(2) 担当税理士の定期的な交代も視野に

　本件のようなトラブルが生じるのは，1人の税理士が比較的長期間，同一

のクライアントを担当することで，担当税理士に対する信頼感が生まれるためと考えられます。逆にいうと，クライアントを直接担当する税理士を定期的に交代することで，クライアントと担当税理士が，必要以上に親密になるのを防ぐことができると思われます。クライアントとの関わり合い方にもよりますが，職員だけではなく，所長自身がクライアントに頼られ，何か事が起きた場合にすぐに連絡を得られる立場となれば，担当税理士の独立に伴いクライアントを失う可能性も低くなると思われます。

　一方で，クライアントを担当する税理士の定期的な交代には善し悪しがあります。同じ税理士がクライアントを担当する時期が長ければ，クライアントへの理解はより深まるため，クライアントの状況に変化があればすぐに察知できて臨機応変な対応も可能となります。ただし，クライアントの経理担当者や経理部長等と親密になりすぎると，万一クライアント側に出来心が芽生えて不正などが発生した場合，見逃すように懇願される等の事態も起きえます。また，クライアント側の誤った記帳内容を見逃し続けたり，クライアントの取引について誤った認識のまま申告書の作成を継続したりすることで，結果として過大な納付税額が発生し続ける可能性もないとはいえません。

　上記のようなデメリットに加え，担当税理士の独立による引き抜きの可能性を鑑みると，担当税理士の定期的な交代は，事務所のコンプライアンスやリスクヘッジの観点からも検討することが望ましいと思います。

(3)　独立トラブルが周りに与える影響も踏まえて

　税理士業界においては，人材の流動性は高いといえるでしょう。そして，事務所としては独立の際の引き抜きが起きないように，また，職員側も退職時の円満な引き継ぎに気を配ったとしても，クライアントの変動はやはりありうるものです。

　そのような事態が生じた場合には，事務所側としては，退職予定者の行為が就業規則等の所内規程に違反していないか確認をしたうえで，これらの規程を踏まえ，冷静かつ適切な対応を行うよう心がけることが望まれます。

もし，退職予定者の行為に違法性がある場合には，その旨の指摘を行い，退職予定者に違法な行為をやめさせる必要があります。また，違法性がないようであれば，たとえ許せないという気持ちになったとしても，やみくもに提訴等を行わず，円満な解決を図るよう取り計らうことが，その後の事務所運営上も望ましいと思います。
　本件のように，退職した職員との和解が決着した後に，単なる事務職員を提訴したとしても，事務職員から損害賠償を得られる可能性はほとんどないと思われます。このような行動は，事件の円満解決を妨げるだけでなく，在籍している他の職員へ不信感を与えることにもなってしまいます。クライアントを失うことについては，独立する職員へのはなむけとしたうえで，それまでの自身の行動を振り返る機会と前向きに捉えましょう。担当税理士がそれだけ信頼されるようになったということも，自身が用意した環境のおかげかもしれません。

3　資料等の整理のための時期を設ける

　本件では，退職することとなった税理士が，本人の業務の整理や案件の引き継ぎ作業の一環として，9月に，その年に確定申告を行った個人クライアントへ資料の返却等を行っています。
　しかし，確定申告資料の返却時期として，9月は適切でないように思われます。3月決算法人の対応等を鑑みても，6月頃までには資料の返却を完了することが望ましいのではないでしょうか。適切なクライアント対応とクライアント管理の点からも，所内で資料返却時期の目安を設け，その時期にすべての案件の資料返却と所内資料の整理が完了するよう，目処やルールを設けることが望ましいと思われます。
　そのようなルールがあれば，退職直前にあわてて資料の返却を行うという事態にはならなかった可能性が高く，本件のような事件も発生していなかったようにも思われます。

6 自身のコンプライアンスも意識して

▶東京地判令和4年3月29日（LEX/DB：25604674）〈税理士敗訴〉

1 税務調査は無事決着したものの税理士法違反で処分

　税務調査において、いわゆる政治決着、一定程度のネゴシエーションが行われることが多いということについては、当局も公的な書面としては残さないものの、税理士はおおむね理解しているところです。

　本件では、税務調査において仮装隠蔽が疑われる事象が存在し、その仮装隠蔽に税理士が関与していたと思われるところ、仮装隠蔽とは別途修正申告が必要となる可能性がある相続財産が見つかり、仮装隠蔽による重加算税を受け入れる代わりに、追加の論点については相続財産から外すというネゴシエーションが成立しました。

　当局においては、調査における重加算税の賦課は増差税額を獲得することと同様に重視されて、場合によっては全体としての増差税額は多くないものの、重加算税の賦課という事象に重きを置いた決着が図られる場合があります。このような交渉が行われると、納税者としては重加算税という不名誉なペナルティは課されるものの、トータルでの税額がより少なくなることで、結果を受け入れやすい状況となります。

　本件においても、重加算税が課される一方で、ある相続財産が除外されれば修正申告において支払うべき税額の総額は安くなるため、双方の意向が合致し、決着に至ったものと考えられます。相続財産の除外の論点について当局の資料には、「相続財産としての加算までには至らなかった」という表現がなされており、その意味合いとしては、相続財産として加算できるだけの

決定的な証拠を見つけることができなかった，ということとされています。
　このように税務調査が決着したのはよいとして，仮装隠蔽に税理士が関与してしまったことで，当局において税理士を監察することとされている税理士専門官が，本件について調査せざるを得なくなりました。当該税理士に対する税理士専門官の調査は何度も行われ，そのたびに質問応答記録書が作成されました。そのなかに記載された質問は，当初からほぼ同様の内容が繰り返されており，そのたびに当該税理士は関与した相続案件において「ウソの取締役会議事録」を作成した，との回答を継続しました。
　最終的には，当該税理士が虚偽の文書作成に深く関与したとのことで税理士懲戒処分がなされ，その処分に対して不服申立てを経て提訴したものの，税理士の主張は通らず懲戒処分は取り消されませんでした。
　当該税理士は，懲戒処分がなされ，その処分に対して提訴した後は，税理士専門官による調査の時の主張を翻し，他の関与税理士からのメールは一切見ていない，虚偽の取締役会議事録の作成には全く関与していないとの主張を行ったものの，この主張が調査時の主張と矛盾すること，そして，自身をccに入れて送信されたメールを一切見ていないとの主張に合理性がないとの判断のもと，自身が仮装隠蔽に加担していないという主張は認められませんでした。

2　自身のコンプライアンスも意識して

(1)　税務調査におけるネゴシエーションはその事案限りと認識せよ

　本件では，被相続人が，自身が代表取締役を務めていた会社に対して1.9億円の貸付金を有していましたが，相続発生後，相続財産圧縮を企図して被相続人の生前において取締役会が開催され，その取締役会において，①1.9億円の貸付金のうち，被相続人の貸付金は実際には5,000万円であり，それ以外の1.4億円は配偶者や子らが数千万円ずつ有していた，②同日被相続人

143

が3,000万円の貸付金の債権放棄をした，とする取締役会議事録が作成されました。この取締役会議事録により，相続財産は1.7億円圧縮された形となりました。
　後の税務調査において，当然この議事録は問題となり，最終的に重加算税が賦課されることとなりましたが，実際には他にも相続財産と思われる財産が見つかったものの，この債権についての修正申告および重加算税の賦課と引換えに，他の財産の追加計上は不要とする政治決着となりました。
　自身の処分の取消訴訟における尋問において，懲戒処分を受けた税理士は，なぜ当初の税理士専門官の調査時に「ウソの取締役会議事録」との主張をしたのか，との質問に対し，税理士専門官の調査は形式的なものであって，まさか自身が懲戒処分を受けるとは全く予想していなかった，と回答しました。
　筆者は，税理士専門官の調査が，頻繁に，かつ何度も行われ，税理士専門官から「ウソの取締役会議事録」を作成したのかどうかという質問が繰り返された理由について，裁判記録を確認した当初は理解できませんでしたが，これは税理士の懲戒処分を避けるためであったものと思われます。
　推測するに，税務調査の過程において政治決着が行われたであろうことは税理士専門官としても理解しつつ，ウソの書類を作成したと税理士が強く主張してしまうと，税理士専門官として税理士を調査しているという立場上，税理士を処分せざるを得なくなってしまいます。そのため，仮装隠蔽を行おうとしたのは主として納税者であって，仮装隠蔽への税理士の関与はそれほど深くなかったとする質問応答記録書を何とか得ようと尽力したのではないかと思われます。ところが，この税理士は税理士専門官の意図がわからないまま，自身がウソの書類を作成したとの立場から動かなかったため，万策尽き，懲戒処分が行われることとなったのではないかと考えます。
　実際には，クライアントに対する税務調査は終了し，結論がすでに出ていたため，この税理士は自身の調査において，自分がウソの取締役会議事録を作成したと何度も主張する必要はなかったと思われます。しかし，この税理士は，政治決着をしてくれた統括官をかばう意図のもと，仮装隠蔽を自身が

行ったと回答してしまったようでした。

　訴訟においては，税務調査に対応した，すなわちネゴシエーションが成立した統括官に対しても尋問が行われました。統括官は，その調査がすでに終了しているという事実をもってしても，実は政治決着があり，この税理士が仮装隠蔽に関与したと認めて重加算税の賦課を了解した代わりに相続財産の除外を見逃したと回答することは，立場上難しかったと思われます。政治決着と思われる相続財産から除外された財産に係る経緯については，相続財産に該当するとの確実な証拠が得られなかったため断念した，と回答するにとどまりました。

　この税理士は，ネゴシエーションの相手方に対して義理堅い態度をとったわけですが，自身の懲戒処分についての可能性を微塵も認識していなかったことから，このような結果が招来されることとなってしまいました。

(2) ネゴシエーションの際も税理士法遵守は頭に置いて

　過少申告加算税ではなく，たとえ少額であったとしても重加算税の賦課を狙ってくる調査官は存在しますし，結果としてそれが納税者にとっても得になる場合もあります。したがって，時と場合によって政治決着が行われることはあり，それは交渉の結果として好意的に捉えることもできると思います。

　ただし，税理士は，自らがよって立つ税理士法を遵守する必要があり，納税者の税務調査に対応しているときであっても，この点については常に頭の片隅に置いておく必要があります。税理士法は単に理念や使命を表しただけではありません。

　税理士法に抵触した場合，税理士の懲戒処分につながる可能性がありますので，当然ながら懲戒処分を受けることのないよう業務を行う必要があります。納税者が適切な税務申告を行えるよう指導するのが税理士の役割であることはもちろんですが，たとえ納税者に重加算税が賦課されてしまう事態となったとしても，税理士自身がその仮装隠蔽に加担することとならないよう留意しなければなりません。仮装隠蔽は納税者の主導ではなく，実は自身が

関与していたと税務調査の際に主張したところで，ネゴシエーションがうまくいくとも限りません。ましてや，その対価として，「懲戒処分」はあまりにも大きすぎるでしょう。

　税理士が懲戒処分を受けることとなった場合には，顧問業務の継続ができなくなり，今までのクライアントについては他の税理士に引き継ぐ必要が生じること，また，その処分の原因がどんな事実であれ，懲戒処分という事実は変えられず，レピュテーションリスクがあること，さらに，業務停止期間中もその後においても，専門家としての行動に大きく影響が生じることについて理解する必要があります。

(3)　税務調査での交渉内容と懲戒処分は別次元に考えよ

　税務調査においては，一般的に税理士はクライアントにより良い結果をもたらすことを第一に考えて行動します。たとえ本来の状況とは多少の乖離があったとしても，もし統括官との交渉において最終的に良い結果が引き出せたのであれば，それがクライアントにとって妥当な内容である限り，あえて異論を唱えることはないでしょう。

　一方で，国税庁は，税理士を監督する立場でもあります。各国税局には税理士専門官という担当官が配置されて，税理士がその職務を正しく行っているか，税理士法への違反がないか等のチェックを行っています。

　懲戒処分がいったんなされてしまうと，その処分の取消しはほぼ不可能と思われます。懲戒処分の取消しにあたっては，税務訴訟と同様に，不服申立てを経たうえで処分の取消しを求めて提訴する必要が生じます。カテゴリとしては税賠訴訟等の一般民事訴訟とは異なり行政事件訴訟となり，訴訟の経過に応じて設けられる裁判期日の間隔が一般民事訴訟より長いため（裁判所資料より），判決が出されるまでに時間がかかるだけでなく，取消率も行政事件訴訟全体で10％を下回るなど，処分が取り消される可能性は非常に低くなります。

　税理士に対してなされる懲戒処分の原因は自己脱税が最も多いのですが，

第5章　事務所規程・税理士法

本件のような,「故意による不真正税務書類の作成」もしばしば見受けられます。しかし,結果的に納税者の利益になったとしても,税理士が仮装隠蔽に積極的に加担したうえでの懲戒処分は断じて許されません。特に,本件の取締役会議事録のようにバックデートした書類の作成は,今回のような相続税の調査に限らず,法人税や所得税の毎年の確定申告においても行わないよう,また促すことのないよう,十分留意すべきです。

3　「メールは別途連絡を受けたら読む」は通用せず

　本件で懲戒処分の取消しを求めた税理士は,自身の名刺にメールアドレスを記載していましたが,本件取消訴訟では,メールを送信したとの電話連絡を受けない限りメールは読まない,だから本件の相続税申告において補助的役割を果たした税理士が自身をccに入れてクライアントに送信したメールについては一切読んでいないため,内容は把握していないとの主張を行いました。しかし,メールアドレスを名刺に記載しているということからは,業務でメールを使用しているということが推認され,それにもかかわらず,メールを読まないということ自体が論理破綻していると判示されました。

　本件の税理士は比較的高齢で,業務における通常の連絡手段はほぼ電話であったようです。しかし,業務上の名刺を作成し,その名刺に自身のメールアドレスの記載があれば,そのメールアドレスに送付されたメールは原則として読んでいるとの推定が働きます。もし自身がccに入っていたメールについて返信等の直接の行動をとっていなかったとしても,そのメールに記載された内容を全く知らないと主張することは難しいと考えられます。

　逆を言えば,クライアント宛のメールも,もし返事が得られにくい環境であったとしても送信をしておくことで,ある事実を伝えたかどうか,アドバイスを行ったかどうかが問題となった際に,税理士側としては「確実に伝えた」ことを送信メールによって立証でき,税理士が問題ない対応をとっていたことを示せるということになります。

147

7　普通の税理士の感覚を大事に

▶千葉地判令和3年12月24日（TAINS：Z999-0179）〈税理士敗訴：3億円〉

1　仕入税額控除の否認で前代未聞の処分

　仕入税額控除の否認で38億円の処分――。本件の法人の毎期の平均的な利益額は数百万円だったそうですが，巨額の納税のため，従業員は全員解雇，事業は親戚に譲渡し，会社は任意整理，代表者は個人破産。この前代未聞の更正処分を引き起こした被告税理士に翻弄され続けたクライアントの末路は，悲惨なものでした。

　消費税は，税の累積の排除の観点から，預かった消費税から支払った消費税を控除した差額を納付することとされていますが，その際に重要なのが仕入税額控除です。ただし，仕入税額控除を受けるには帳簿および請求書等の保存という要件があり，税務調査の際に帳簿を提示しなかった場合には，帳簿の保存がなされていないものとみなされてしまいます（最判平成16年12月16日民集58巻9号2458頁。なお，令和5年10月以降の仕入税額控除においては，原則としてインボイスの保存も要件とされています）。

　原告クライアントを担当していた被告税理士は，本件の調査が無予告で開始されたことに立腹し，無予告にて開始された理由を国税局長名で，かつ，文書にて回答しない限り調査に応じないというスタンスをとり続けました。また，それでも調査が継続されると見るや，原告クライアントに本店移転を行わせ，国税局の管轄を東京から地方に移すことで，開始された調査をやめさせようと企図しました（調査は高松国税局に引き継がれ，継続されました）。また，被告税理士は，調査官に対し，「税務調査」などという「法律に規定

されていない用語」を使用せず、「質問検査権の執行」と表現するように述べるなど、法律に詳しい、本人曰く「そこら辺の税理士とは異なる」公認会計士でしたが、残念ながら帳簿の提示を拒否した場合にクライアントが被る不利益は国税通則法に規定される罰則規定としての100万円程度のみとの認識だったようで、実際に行われた38億円の処分には非常に驚愕したようでした。

38億円の処分に対する損害賠償を求めて原告クライアントから提訴された被告税理士は、賠償額3億円の敗訴となりました。

2　普通の税理士の感覚を大事に

(1)　税務調査対応を誤ると取り返しのつかない事態に

原告クライアントは38億円の更正処分を受け、この処分の取消しを求めて提訴しましたが、地裁・高裁と敗訴し、最高裁でも上告不受理となりました。税務調査における帳簿の不提示については、すでに過去の事例において税務訴訟で争われていて、原告クライアントへの処分が税務訴訟で取り消される可能性は非常に低いと考えられました。一方、原告クライアント自身は、このような税額のペナルティを受けてまで帳簿を提示しないことを希望してはおらず、事件のきっかけとなったのは被告税理士の行動であったため、原告クライアントは、当局に対する税務訴訟が地裁に係属している段階から、並行して被告税理士に対しても提訴しました。

税務調査は査察とは異なり、当局に強制力はありませんが、納税者側には受忍義務があります。繁忙期であるため時期を改めてほしいなど、調査の時期の調整を依頼することは可能ですが、正当な理由がないにもかかわらず調査を拒否することはできません。そして、調査を拒否した場合のペナルティとして最も税額の影響が大きいのが、消費税の課税事業者である場合における仕入税額控除の否認です。

税理士へ委任しているクライアントにつき，当局からの税務調査の事前通知は税理士に対して行われることが多く，独立した公正な立場において，納税義務の適正な実現を図る（税理士法1条）という使命からも，税務調査手続の誤りは税理士として犯してはならないミスといえます。調査官への対応は，法令上の根拠をもって正しく行うべきであることは言うまでもありません。

(2) 以前の成功体験に頼るのは危険

　被告税理士と原告クライアントには，税務調査への対応において，これまで成功体験がありました。10年ほど前の前回の税務調査の際は，調査中に本店移転を行ったことで税務調査がストップし，そのまま調査が中止となりました。

　また，被告税理士は，別件の個人クライアントでネットオークション事業を行い，無申告だったため行われた税務調査の立会いと申告を担当し，そのクライアントが3,500万円程度と想定していた5年間合計の納税額が，350万円程度にとどまることとなり，大層感謝されたという経験もありました。

　これらのように，被告税理士は，調査開始時の手続的な面について調査官に対し資料の提示に難色を示す等の対応をとることで当局の調査の中止を余儀なくさせ，調査官の妥協を促すことで最終的な落としどころを見つけるというような手法をずっと用いてきたのではないかと思われます。

　本件でも，当局が無予告で調査を開始したことを殊更に責めることで調査官をあわてさせ，また，同時に本店の移転を行うことにより，調査が終了となることを狙っていたのではないかと推測します。

　しかし，以前の調査はこの対応が有効だったというような経験則に基づいた独善的な対応には汎用性があるわけではなく，過去の案件において，たまたま処分がなされなかったということにすぎません（税務調査終了時に，「更正決定等をすべきと認められない旨の通知書」を受領した場合には処分がなされないこととなりますが，この場合でもその法人等のすべての処理に問題がないと

当局からお墨付きが得られたわけではありません)。クライアントの信頼に応えるためにも，法令上の根拠がない限り慎むべきと思われます。

(3) 税務調査対応はクライアントの意向を尊重して

　本件においては，長期間にわたる調査官とのやりとりにおいて，原告クライアントの意向よりも，被告税理士自身のプライドを重視する交渉が行われていました。

　原告クライアントは，当初は本件について違法調査であると豪語し，調査官に対し高圧的な態度を取り続けた被告税理士に対応を任せきりでしたが，当局からの連絡票が何度も届き，連絡票に調査を受けない場合の不利益（青色申告承認の取消しと仕入税額控除の否認）が記載されていたことにも鑑み，調査を受けても差し支えないと態度を改めました。しかし，被告税理士は，当局との関係が相当こじれてしまったため，当局の担当者をすべて交代させたうえ，高松国税局職員（兼東京国税局職員）の調査ではなく，所轄の税務署による調査であれば受けることは可能という姿勢を固持しました。

　その結果，被告税理士の提案は受け入れられず，当局は独自調査を行うことに切り替え，最終的には原告クライアント側が調査の結果を聞く機会も放棄したと判断し，3事業年度分の消費税の仕入税額控除が全額否認されることとなってしまいました。

　原告クライアントが帳簿の提示の意向を示した際に，条件など付けずに当局の調査を受け入れていれば，当然ながら38億円の処分はなされませんでした。クライアントから税務代理を受任する税理士は，納税義務の適正な実現のために行動することが肝要であり，自身のプライドや希望は二の次とするべきです。クライアントに対し，税務調査の進行状況を正しく報告するとともに，クライアントの意向を確認し，公正な立場において適法な範囲でクライアントに最も有利となる判断を行うのが税理士の役割であることを改めて認識しなければなりません。

3　帳簿不提示のペナルティは重すぎ？

　本件の税務訴訟については，このように多額の仕入税額控除が否認されたことに対する反対意見等もあるようです。すなわち，査察であれば帳簿を確認することができることから，仕入税額控除が一括否認されることはないと思われますし，原告クライアントによれば，経理処理等は問題なく，調査が行われたとしても否認される項目はなかったはずとのことでした。つまり，本件は，任意調査であったからこそ行われた更正処分であり，通常より悪質と推測される査察案件よりも納税額が非常に大きくなる結果が生じて，一部の租税法学者等に違和感を生じさせることになっています。

　しかし，被告税理士の頭の中に仕入税額控除の否認があれば，ここまで強硬に帳簿提示の拒否を貫くことはなかったはずです。帳簿不提示に係る最高裁判例が改められることは考えにくく，また，インボイス制度等の消費税に係る税制の流れから考えても，本件税務訴訟の結果は妥当と考えられます。

　税務調査への対応を行うにあたっては，基本に戻って条文や判例を確認すること，そして他の専門家の意見を仰ぐことが非常に重要であると改めて思いました。

第5章　事務所規程・税理士法

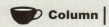 **Column** 　　　　　　裁判所での1日

　損害賠償請求を提起する裁判所は，当事者間で特段の取り決めをしていない限り，被告側の所在地を管轄する裁判所となります。筆者が税賠事件の補佐人を担当していた際には，地方の裁判所に行くことも多くありました。今はあまり行っていませんが，本書で取り上げた事件の記録の閲覧のため，東京地裁，東京高裁のほか，横浜地裁と千葉地裁に行きました。

　裁判所はその場所によって雰囲気が違います。東京地裁の記録閲覧室には常に人がたくさんいて，さまざまな人たちがやってきます。閲覧室の中の良い席を確保するため，またなるべく長く閲覧時間を確保するため，閲覧する日は朝一番で裁判所に乗り込みます。他の人と向かい合わせにならずに済む，端のほうが筆者の定位置です。当事者であれば謄写が可能でコピーを取ることもできますし，スマホで写真撮影をすることもできますが，第三者の場合は閲覧のみ可能なので，パソコンを持ち込んで（裁判所のコンセントから電源を取るのは不可），気になった箇所について記録を書き留めていきます。

　記録の閲覧に行く場合は，大体9時から17時まで，丸1日となることが多いのですが，役所なので，職員のお昼休みの時間帯はいったん退室しなければなりません。その間はパソコンの充電のタイミングでもあるので，筆者は電源のある近くのコーヒーチェーン店に行き，お昼を摂りながら電源を補充します。充電しなくてもなくなることはないと思いますが，やはりお昼休みに充電できるのとできないのとでは，気持ちの持ちようがだいぶ違います。

　閲覧の方法は横浜地裁や千葉地裁では運用が異なりました。地方では閲覧に訪れる人が少ないのか，他の閲覧者に会ったことがありません。お昼休みにも追い出されることなく，作業を続けることができた裁判所もありました。

　東京地裁は閲覧室の席の数が多いのですが，東京高裁は席数が少ないため，閲覧希望者が多いときは別の会議室に移動し，「見張り役」の裁判所職員と1対1で相対することもありました。そのときは，やっぱり少し緊張しますし，手持ち無沙汰の様子の職員から，早く閲覧を切り上げてほしいという無言のプレッシャーを感じました（結局はちゃんと最後まで閲覧しましたが）。

第 6 章

提携先・他士業・同業者との関係性

　私たちが業務を遂行するにあたっては，クライアントの他に，さまざまな役割を持った他者と連携していく機会が多くあります。
　果たして，業務提携先とは，適切な関係性を築けているでしょうか。顧問先の紹介を受けられるというメリットがあるばかりに，他士業や提携先が負うべきリスクを自身の事務所で引き受けてしまってはいないでしょうか。
　また，自身の業務完了後は，その内容について，常に同業者等にチェックされうることも想定しなければなりません。

| 1 | 提携業者との関係性を再認識すべし

▶東京地判令和3年9月1日（LEX/DB：25601129）〈税理士勝訴〉

1　保険解約トラブルに端を発して

　自社の進行期において想定以上の利益が出たことで，このまま決算を迎えると数百万円単位での納税が必要となってしまうことが見込まれるため，納税するくらいであれば保険に加入して節税したいとの希望を持つ経営者は多いかもしれません。最近では通達の改正により，節税に効果的な保険がほとんどなくなったため，節税プランも減った印象ではありますが，節税を望むという経営者のニーズ自体は変わらずあるのではないかと思われます。

　本件は，生命保険会社（以下「生保会社」といいます）内で当時すでに積極的な勧誘が自粛されていた逆ハーフタックスプランに加入した法人が，毎年保険料を支払うスキームとの認識はなかったとして保険契約の解約を希望し，さらに，解約が認められ保険料が全額返還された後に，逆ハーフタックスプランへの加入を直接担当した生保会社の従業員とその従業員とタッグを組んで法人への説明を行った被告税理士を提訴した事案です。

　保険契約を行った上記法人は，保険料については上記解約に伴い全額返金を受けていましたが，その返金を受けるために生保会社を提訴したことから弁護士費用がかかったとして，その費用の回収を求めて生保会社の従業員と被告税理士を提訴したのでした。

　無理筋と思われる原告クライアントの請求は棄却され，被告税理士は勝訴となりました。

第6章 提携先・他士業・同業者との関係性

2 提携業者との関係性を再認識すべし

(1) 杜撰な業者との関係は見直すべき

　生保会社の従業員は，すでに会社が販売を自粛していたプランを積極的に販売していたようで，提訴した原告クライアントの代表者の友人が経営する会社に対しても，同様の保険の販売を行っていました。この従業員は，保険の販売にあたっては，税メリットの説明のために生命保険に明るい税理士とされる被告税理士に同行を求め，節税のニーズのあるクライアントに対し税務面でのフォローができるよう，被告税理士から節税に関する説明をさせていました。

　被告税理士は，以前に逆ハーフタックスプランについてのセミナーを行った実績があり，そのセミナーに受講生として参加した当該従業員から声をかけられることとなりました。なお，被告税理士が実施したセミナーの参加費として，生保会社の従業員は20万円程度支払っています。

　被告税理士は生保代理店として生命保険の募集活動を行っていたわけではなく，生保会社の従業員とともに行動し，生保会社との関係性を重視していたようです。自身が代理店であれば，代理店としての手数料を収受できますが，代理店として活動していたわけではなかったので，自身が生保会社の営業の場に同席し，税務上の取扱い等について説明を行ったクライアント等が保険に加入したとしても，特段手数料等を得られるわけではありませんでした。

　本件は，生保会社従業員の業務の杜撰さから発生した事件であり，被告税理士としては，上記のような点に留意して接触を行っていれば，そもそも提訴されることもなかったのではないかと思いました。何度か営業の場に同席していればその業者の販売スタンスを理解することができ，また説明方法等にコンプライアンス上の問題がないかどうか等の感触もつかめるようになる

でしょう。強引な説明を行っている，または商品のリスク等の不都合な点をきちんと説明しないなど，問題があると思われる業者との提携については留意するようにして，自身に火の粉がふりかからないよう距離を置くという選択肢も考えるべきです。

(2) 短期間の役務提供であっても契約書を取り交わすべき

　本件においては，被告税理士は保険の契約と前後して，原告クライアントに対して，月に1度，税務コンサルティングを行うこととなりました。このコンサルティングについての契約は締結されていませんでした。税務コンサルティングは，保険への加入とは直接関係はなく，旅費・日当に関する規程を策定する等というもので，月に1度対面で行うものでした。ただ，生命保険の契約と近い時期にコンサルティングを行っているため，保険の加入に関する報酬ではないかと裁判官等から疑われることとなりました。

　請求書は2度ほど発行され，「コンサルティング報酬」との記載はありましたが，コンサルティングの内容を示す報告書や議事録等は何もなく，また原告クライアントもその内容を覚えていませんでした（原告クライアントは，生命保険と請求書を結びつけたいという狙いからこのような発言を行った可能性もあります）。

　被告税理士と原告クライアントとの契約は税務コンサルティングであり，節税商品の購入を勧めたりする内容ではありませんでした。しかし，契約書がなく，また，実際に行われたコンサルティングの内容を記録した書面ややりとりしたメール，クライアントへ渡した書類等が一切なかったため，どのようなコンサルティングを行ったのかが定かではなく，これらの内容を訴訟で立証することができませんでした。

　結果的には，被告税理士は勝訴し，原告クライアントへ損害賠償金を支払う必要はありませんでしたが，場合によっては，和解等に持ち込まれ，いくらかの金銭を支払わざるを得なくなった可能性も十分にあったのです。

　役務提供が短期間で終了する可能性が高い場合には，スピード感を重視す

第6章 提携先・他士業・同業者との関係性

べく，契約書を作成せずに具体的な業務がスタートするようなこともあるかと思いますが，可能であれば業務の開始前に，また，それが難しい場合には役務提供の完了後であっても，契約書を取り交わすことが望まれます。

　また，被告税理士のように，将来のクライアントの開拓など，あくまでも自身の営業の一環として手数料収入を得ずに説明に同席するのであれば，そのことがきっかけで獲得したクライアントとは契約書を必ず取り交わすべきです。

(3) 他業者との協業にはルールを設けて

　本件では，被告税理士は生保会社の従業員に同行する際に，同行費として1回2万円のフィーを請求する場合もあれば，請求しないケースもあったようで，その時々において対応が異なっていました。

　もし，毎回請求する，あるいは新規のクライアントへ同行する際には同行費を請求する等のルールが設けられていれば，被告税理士の行動が怪しまれることもなかったように思われます。すなわち，その時々によって同行費の請求が行われたり行われなかったりしたために，被告税理士にとって同行費が収入となるだけではなく，保険契約に応じた手数料等の収入があったのではないか，などと思われることになったようです。

　保険契約に伴う手数料収入を被告税理士が得られるようであれば，原告クライアントが主張したように，保険には何の問題もなく入ることができる，原告クライアントにとって非常にメリットがあるなど，積極的な勧誘を行う動機につながることとなるため，そのような勧誘は行っていないという被告税理士側の主張についてもなかなか信用が得られにくかったのではないかと思います。

　被告税理士に対する尋問には長時間を要し，特に原告クライアントにどのような説明を行ったのか，どのようなコンサルティングを行ったのか等について，非常に長く時間をとって質疑応答が行われました。裁判官としても，被告税理士にとってそれほどメリットがないと思われるにもかかわらず，わ

ざわざ生保会社の従業員に同行して保険の税務の説明を行う理由がなかなか思い当たらなかったのだと思います。

提携業者と協業する場合は、一定のルールを設けておくことが将来のリスクヘッジになるでしょう。

3 節税商品の購入はクライアントの判断で

今回は生保会社の従業員への同行のため、保険成約の際にも実際に手数料等は得られなかったものと思いますが、被告税理士が生保代理店等に該当し、保険契約に応じて手数料の売上が見込まれる場合には、保険加入のために税務メリットを強調しすぎていないかなど、職業専門家としての倫理観が問われるため、より慎重に対応することが必須となります。

もちろん、税務面の説明をするのは問題ありませんが、商品の説明に深く関与してしまった場合には、たとえその商品の説明責任は販売業者等にあるとしても、クライアントからすると、税理士の先生がこの商品は本当にいいと言ったから加入を決めたなどと記憶に残ることとなり、万一その加入がクライアントの本意ではなかった場合には、不満の矛先が税理士に向くことにもなりかねません。

節税商品等の販売に関与する場合には、商品の説明については販売業者等に委ねるだけでなく、自身のスタンスとしては、あくまでも客観的な税務上の取扱いの説明にとどめましょう。また、税務上のリスクについては可能性が低いものについても漏れなく説明したうえで、自身が得られるかもしれない手数料については頭に思い浮かべることなく、最終的な判断はクライアントに行ってもらうことが必要です。

第6章 提携先・他士業・同業者との関係性

2　提携先との付き合い方を軽視しない

▶東京地判平成30年2月28日（LEX/DB：25551799）〈税理士勝訴〉

1　提携コンサルタントのトラブルに巻き込まれ提訴される

　税理士と提携するコンサルタントに業務委託をしたものの，そのコンサルタントから適切な役務を提供されず，逆に脱税に加担させられた……。クライアントがそのように誤解した場合，クライアントとのトラブルが発生することは必至です。自身の提携先とクライアントとのトラブルが発生すると，本件のように自身に直接のミス等がないにもかかわらずトラブルに巻き込まれる事態が生じてしまうかもしれません。

　本件は，原告クライアントである歯科医師が医療関係コンサルティング会社A社と締結したコンサルティング契約と，A社の代表者B氏が所有し売却を検討していた不動産を原告クライアントが気に入ったことによりB氏と原告クライアント間で締結された不動産売買契約（割賦契約）が発端でした。

　原告クライアントは上記契約に従い不動産の割賦代金を毎月支払うこととしましたが，A社とも契約を締結し，代金の支払先をB氏ではなくA社とすることで，実質的に不動産の売買代金を原告クライアントの必要経費に計上できるという説明を聞き，A社に対して毎月270万円の支払を開始しました。しかし，そのうち資金繰りに窮し，また本件不動産をどうしても取得したいという情熱も薄れ，月額のコンサルタント料がそのまま不動産売買契約（割賦契約）の割賦代金に充当される仕組みは脱税ではないかと主張して，A社とB氏を提訴しました。

　この訴訟においては，不動産売買契約（割賦契約）は無効であり，コンサ

ルティング契約も虚偽表示により無効とする地裁判決を経て，高裁において和解が成立しました。その後，コンサルタント（B氏）を提訴するだけでは怒りが収まらなかったのか，そのコンサルタントと提携して，上記契約成立の際に関与した税理士法人が提訴されることとなりました。

原告クライアントは，被告税理士法人が上記契約に関して不法行為を行った等の主張をしましたが，これらは裁判所により排斥され，被告税理士法人の勝訴で事件は決着しました。

2　提携先との付き合い方を軽視しない

(1)　業務提携先とは適切な関係性を構築せよ

本件において，被告税理士法人は，医療関係コンサルタントと密接な関係にありました。医療関係コンサルタントと原告クライアントとのコンサルティング契約と不動産売買契約（割賦契約）の締結は，被告税理士法人の事務所で，原告クライアント担当税理士が同席して行われています。

また，担当税理士の陳述書によれば，このコンサルティング契約（月額税込270万円，業務内容は原告クライアントの歯科医院の広報活動，顧客獲得営業支援業務，競合他社調査業務，クレーム対応業務など。以下「本件契約」といいます）の書式を作成し，また本件契約の内容を原告クライアントに説明したのは，この担当税理士とのことです。このコンサルタントと原告クライアントとの間の別件訴訟では，原告クライアントが当初支払った3,400万円のうち，実際に原告クライアントが受けた利益に相当する1,200万円を差し引いた2,200万円をコンサルタントが原告クライアントに返金すべきとする和解が高裁で成立しています。

このように，業務提携先が締結する契約とはいえ，月額報酬も比較的高額の業務につき，被告税理士法人が契約締結場所を提供して説明を行い，積極的に関与するという行為は避けることが望ましいと考えられます。いくら提

携先が優秀なコンサルタントであったとしても，そのコンサルタントがクライアントに対して役務の提供を満足に行えるかどうかを被告税理士法人側が保証することはできないでしょう。それにもかかわらず，契約の締結場所を提供し説明を行っていることで，コンサルティングの内容についても被告税理士法人が関与しているような印象を与えかねないように思われます。

　本件の不動産売買契約（割賦契約）は，実情としては，医療関係コンサルタントが所有していた物件につき，原告クライアントである歯科医師が大変気に入って，購入したいと思うようになったものの，住宅ローンが下りなかったため，他者に購入されないように売買契約と割賦契約を締結したということのようです。ただし，本件契約のコンサルタント料がそのまま不動産売買契約（割賦契約）の支払に充てられるなど，お金の流れは不透明でした。被告税理士法人は医療関係コンサルタントとの提携を通じ，顧客獲得や顧客の相互紹介など，お互いの利益となるような関係を築いていたと思われますが，そのような事情があるにせよ，訴訟で無効と判断されるような契約の締結に関与したことは大変問題と思われます。

　原告クライアントは被告税理士法人との顧問業務契約を解除しましたが，顧問契約の解除に至ったのも，本件コンサルタントとの確執によるものでした。訴訟では勝訴しましたが，別件訴訟と税賠訴訟の2度にわたり尋問が行われ担当税理士が対応している点，判決が公開されることによるレピュテーションリスク等を鑑みると，このコンサルタントとの深い関係が与える影響は大きいように感じました。

(2) 届出書提出の確認は現物をもって行う

　被告税理士法人は，本件契約の締結に関与したほか，訴訟において次の点が問題となりました。

　被告税理士法人は，原告クライアントの前々年度の消費税の申告書を確認したうえで所轄税務署に架電し，担当職員から，原告クライアントからは簡易課税制度選択不適用届出書の提出はなく簡易課税制度が適用される旨聴取

し，簡易課税制度による申告書を提出しました。しかし，申告書提出後，所轄税務署から，原告クライアントは事業廃止届出書を提出したことがあるため，簡易課税制度は適用されず本則課税になるとの連絡を受けました。その連絡が所轄税務署からあったのが3月30日だったため，申告期限である3月31日に本則課税による申告書を提出し直そうと思ったものの，原告クライアントとは連絡がつかない状態となっていました。結果として，被告税理士法人は本則課税による正しい申告書を期限内に提出することができませんでした。

折しも原告クライアントから被告税理士法人に対する顧問契約解除の意思表示が届いたのは同年4月3日で，上記所轄税務署からの連絡の時点には，すでに被告税理士法人からの連絡に対応する意思はなかったものと思われます。

これだけの事情があったことから，本件においては被告税理士法人の債務不履行や不法行為は認められず，被告税理士法人が簡易課税制度による申告書を提出したことは問題がないとされました。しかしながら，届出書の確認については，たとえ税務署職員の回答であっても鵜呑みにせず，やはり現物をもって行うべきと痛感させられます。

(3) 受任時の入念なヒアリングや資料徴求でリスクを低減

原告クライアントが被告税理士法人に対し，事業廃止届出書を提出したことを報告していなかった点については事実として認定されて，本件については原告クライアントの対応ミスであると結論づけられました。裁判所の認定どおり，被告税理士法人の対応には問題は見受けられませんが，実際にはもう少し改善することは可能だったように思います。

税務上必要な事項をクライアント側から税理士側へ漏れなく報告することを，どのような事項が必要なのかを判断することができないクライアントに求めるのは困難であるといえます。したがって，新規クライアントから業務を受任する際には，まず，一定のリストに記載された書類をすべて受領する

よう努めるほか，クライアントに対してさまざまなヒアリングを行うことで，生じうる問題点を洗い出し，今後提出することとなる申告書の作成にあたっての留意点をピックアップする必要があります。

　過去にクライアントが当局等へ提出したすべての届出書の確認も，ToDoリストの1項目と思われます。本件の受任開始は平成26年4月1日でしたが，その際に，受領したことが明らかである平成24年分の確定申告書等のほかに，どのような書類を原告クライアントから受領していたのかは定かではありません。もし被告税理士法人が，過去3年分の確定申告書を受領したうえでその内容を確認して原告クライアントへのヒアリングを行っていれば，事業廃止届出書の提出という事実関係を当局からの連絡より前に把握することができた可能性もあるように思われます。

3　自身が当事者でない契約にはなるべく関与しない

　被告税理士法人の担当税理士は，本件契約の締結へどこまで関与していたか明らかではありませんが，被告税理士法人の主張のなかで，「医療関係コンサルタントが原告クライアントに対して提供していたサービスの内容を聞き取り盛り込んで，本件契約の契約書の書式を作成し，原告クライアントとコンサルタントに対して，条文を1条ずつ説明した」と述べられています（原告クライアント側の主張ではなく，被告税理士法人側の主張のため，真実である可能性は高いように思われます）。

　しかし，本件契約書のドラフトは，その契約に基づく役務を提供するコンサルタントが作成すべきであり，単なる提携先の被告税理士法人の担当税理士が作成することは，通常ではないと思います。第三者間の契約内容を詳細に理解していないにもかかわらず，まるで契約の内容の決定に関与しているかのような対応をとったこともあり，本来は部外者であった訴訟へも巻き込まれることとなってしまいました。

　業務の一環として，クライアント会社とそのオーナーが関与する契約書の

作成に関わる場合はありうると思いますが，その場合であっても，一般的な賃貸借契約や雇用契約など，内容を確認でき，特殊な考慮事項が存在しない汎用なものに限定することが必要です。

　また，そのような契約書のドラフティングについては，受託業務の範囲を誤って記載する等のリスクがあるほか，そもそも弁護士法・行政書士法に違反する可能性があることを理解する必要があります。受託業務の内容を誤って記載してしまうと，上記の法令違反に加え，その契約についてトラブルが生じた際，本件の被告税理士法人のように，契約の当事者でないにもかかわらずその契約について生じた損害の賠償を求められる可能性もあります。

　このような訴訟を防止するためにも，自身が当事者ではない業務委託契約書の作成や締結に関与するのは避けることが望まれます。

第6章 提携先・他士業・同業者との関係性

3 揉めそうな案件には弁護士と関与を

▶東京地判令和2年3月10日（TAINS：Z999-0215）
〈税理士一部勝訴，高裁にて和解〉

1 後継者に有利な申告で他の相続人が報酬支払を拒否

　相続税の申告にあたり，先代の息子などから，遺産分割を自身に有利になるよう進めてほしいと依頼され，遺産分割協議を主導したり，申告書作成にあたり特定の相続人が有利になるよう配慮したりした経験はないでしょうか。他の相続人からすれば，自身にとって不利な遺産分割を強いられたうえに，申告業務などの費用だけは同じように請求されたとしたら，素直に報酬を支払いたくないという思いも理解できます。
　本件は，一家の後継者に相続財産をすべて譲るとする被相続人の遺言に沿った形で長女に有利な相続税申告を行った原告税理士が，他の相続人から報酬の支払を拒否され，その支払を求めて提訴した事件です。
　地裁では，被告らである二女と三女が原告税理士へ申告業務自体を委任していないと主張したものの，原告税理士が遺産分割協議に立ち会い，被告らに相続税の試算結果を示していること，被告らが申告書への押印をしていること，原告税理士が被告らから金員を預かり納付手続を行っていることなどから，裁判所は原告・被告らの間で相続税申告書の作成に係る委任契約が成立していたことを認めました。しかし，報酬額については，税理士は各被告に対し500万円余を求めていたのに対し，事案の困難性による加算や長女による代償金支払のための物件売却サポート費用などは認められず，各被告に60万円余の支払を命じました。

原告税理士は控訴しましたが，最終的に各被告から80万円余の額の報酬を得ることで和解することとなりました。

2　揉めそうな案件には弁護士と関与を

(1)　一家の顧問税理士としての業務と相続税申告業務は別物

　本件の原告税理士は，古くから一家の顧問税理士を務めていて，本件の被相続人の配偶者の相続の際にも，遺産分割協議における助言や相続税申告業務を担当していました。一家の顧問税理士という立場としては，一家の存続と末永い繁栄が重視されると思われますし，被相続人が作成した遺言書もそれに沿ったアドバイスだったのかもしれません。

　税理士の実務としても，自身が顧問となっている法人の事業承継に際して，社長の意向を汲んで，次期社長に有利となるようなプランニングを行うのは自然なことですし，株式が分散してしまうリスクや議決権を確保できない危険性を鑑みると，どうしても次期社長に株式を集めるような方向性で事業承継を進めることになるでしょう。

　ただ，顧問税理士として，中核となる法人やその主要株主に対してよりよいアドバイスをすることと，相続税の申告を受任することは全く別と考える必要があると思います。相続税の申告を相続人全員から受任する以上，やはりどの相続人に対しても同様のスタンスで接していく必要があると思われるからです。会社などの存続の都合上，どうしても1人の相続人に対して多く配分せざるを得ないのであれば，偏った遺産分割が相続人の総意であることを全相続人に確認したうえで相続税の申告手続を進める必要があると思います。

(2)　弁護士とともに関与して業務を完遂せよ

　本件では，原告税理士が長女に対して代理人弁護士を紹介し，その弁護士

が二女・三女側弁護士との遺産分割協議を進めていました。このような状況で相続税の申告を進める際には，遺言書をベースとするか未分割とするかなどさまざまな試算が必要となり，また，相続人全員が納得できる申告書の作成は困難な状況でした。

　原告税理士は，申告書の作成までにかなりの苦労を伴ったと思われますが，申告書の提出後も，長女の代償金支払のための不動産の売却サポートなどを行いました。これらの対応は弁護士に一任するか，関与するとしても弁護士とともに行うべきであったと思われます。

　本件においては，相続人間の遺産分割協議が最終的に訴訟に移行し，長女がすべての遺産を取得したうえで，代償金として二女・三女に1億1,500万円ずつ支払うこととされましたが，遺産分割が確定したことに伴う長女の更正の請求は，原告税理士とは別の税理士が担当しています。原告税理士は，時間を費やし精神的にも疲弊したうえで，中途半端な仕事しかできなかったように思われるのです。

　相続案件に関与するときは，遺産分割協議の音頭を取ったり，法的な手続を代理したりといった非弁行為に該当するリスクを避けるよう留意する必要があります。また，税理士単独では，最終的に相続人間の主張や不満に対応しつつ業務を完遂することが難しく，弁護士とともに関与することを心がけることで，自身が業務を行いやすくなり，クライアントにとってもよりよい結果が得られると思われます。

(3) 税務代理権限証書は相続人1人ずつから

　税務代理権限証書は，当局に対して税務代理の権限を有することを示すための書面ですが，それだけでなく，各クライアントから，書面に記載された税目や案件について委任を受けたことを立証する書面でもあります。相続税の場合，クライアントである相続人ごとに税務代理権限証書が必要となりますが，本件の税理士は，相続人ごとに作成することを省略し，相続人代表として長女のみから得ていました。

本件においては，二女・三女が相続税の申告業務を委任したこと自体は否定されませんでしたが，結果として申告書作成の委任について問題が生じたことを鑑みると，税務代理権限証書を各相続人から得ておくことが，受任の事実の明確化のために望ましいものと考えます。

　なお，税務代理権限証書への押印は令和3年4月に廃止されていますが，上記の立証のために，あえて押印を求めるという選択肢もあると思われます。

3　読みづらいメモはパソコンでまとめ直しを

　本件では，二女・三女からの申告書作成業務の受任の証拠として，原告税理士が職務メモとして使用していたノートが提出されています。

　同じ綴りのノートに，第1回からの打ち合わせの要旨や作業内容などが記載されていて，当時作成されたものであることは間違いないと思われるものの，一見してその記載内容を判読することが難しいものでした。あまりに読みづらいため，Wordファイルなどに「文字起こし」したものも証拠として提出されて，そちらを読むことでかろうじて内容が理解できるような状況でした。

　読み取りにくい手書きメモは，自身が後日見返したときのことも考え，パソコンで記録し直すことをおすすめします。

4 同業者が時には最大の敵になる

▶東京地判平成30年2月19日（判タ1464号197頁・TAINS：Z999-0172）
〈税理士一部敗訴：165万円，高裁にて和解〉

1　相続人に会わずに弁護士から受領した資料のみで申告

　弁護士が遺言執行者に選任されている相続案件では，すでに相続人と遺言執行者の間で話が進行しています。そのため，遺産分割についてアドバイスを求められることもなく，弁護士から受領した資料をもとに粛々と申告に向けて事務作業をこなせば問題はないと思う先生方もいるかもしれません。相続人間で遺留分侵害額（減殺）請求がなされている案件であればなお，渦中の相続人に連絡をとることを差し控えたい心境にもなるでしょう。

　本件では，クライアントである原告相続人に対して，被相続人から全遺産を相続させるとの遺言がありました。しかし，受任時にすでに姉妹から遺留分減殺請求がなされていたことから，税理士は，遺言どおりの遺産分割ではなく，小規模宅地等の特例を適用せずに法定相続分に従った共同相続として申告を行うと同時に，「申告期限後3年以内の分割見込書」を提出しました。

　その後，原告相続人（および原告相続人の子かつ被相続人の養子である法定相続人2名）は，他の税理士に依頼して自身の単独相続を前提とした更正の請求を行い，相続税の還付を受けることができましたが，当初からこの方法で申告を行っていれば相続財産が基礎控除額以内となり，そもそも相続税の納付の必要はなかったとして，被告税理士を提訴しました。

　地裁では，相続財産から納付され，更正の請求を行わなかったために還付されていない姉妹の分の相続税額と，更正の請求を担当した他の税理士の報

171

酬額の一部の合計165万円について損害賠償請求が認められました。地裁判決を不服とした被告税理士は控訴しましたが，高裁では地裁判決の半額程度の80万円の解決金を被告税理士が支払うことで和解となりました。

2　同業者が時には最大の敵になる

(1)　クライアントとの税務上必要なやりとりには他の関与者を頼らない

　被告税理士は，遺言執行者の弁護士から受領した資料のみで申告書を完成させ，クライアントに1度も会っていませんでした。このように，全く信頼関係のない状況で相続税の申告書が提出されたことが，本件の発端となりました。

　遺留分侵害額（減殺）請求がなされている案件の場合，相続人全員から申告書の作成を受任することはほぼなく，クライアントである相続人の要望に応じた申告書を作成することになります（場合によって相手方との申告内容の調整が必要です）。ここで，小規模宅地や配偶者の税額軽減の特例など，相続税の優遇措置については，遺産分割が相続税の申告期限までに行われていることが必要という要件が壁となります。また，遺留分侵害額（減殺）請求を行う側の立場からすると，主な相続人の納税額が多くなろうと，最終的に自身が入手できる財産の額が多いほうがよいという判断を優先させるのが自然です。

　これらの事情を勘案しつつ，最も有利な相続税申告を行うためには，クライアントである相続人や関与弁護士に対して直接説明を行う場を設け，遺産分割の方法を誤ることで適用可能な特例が受けられないという事態を招かないよう留意する必要があります。

　本件のように，弁護士の知人として案件に初めて関わった場合はなおさらです。弁護士は，遺産分割に関する私法上の知識や経験は豊富でも，税務上の取扱いには明るくない場合も多いため，適用可能な優遇措置やその要件・

手続など税務に関する説明の場面では，クライアントに対し，パターン別の税額の多寡などを含め，税理士の側からの積極的な情報発信が望まれます。そのうえで，他の相続人との関係やトラブルの解決後も見据えて提出する申告書の内容につき検討し，弁護士とも協議を行うことで，私法と税法との着地点を見出します。

このためにも，クライアントとは，弁護士を通じた間接的なコミュニケーションではなく，直接のやりとりを行うべきではないかと思います。

(2) 複数の申告方法があれば選択肢を示しクライアントの判断で

本件は，相続税の当初申告書の提出にあたって，①遺言どおり原告相続人が全相続財産を取得したとする方法，②未分割として法定相続分で相続財産を取得したとする方法のいずれを選択するかの判断が必要な案件でした。

いずれの方法であっても，後に適正な手続を行えば最終的な税額は同じになるのですが，相続人のなかに協力を得られないことがほぼ確実な方がいる場合のリスクも含めて検討すると，①の方法がよりリスクが少ないであろうことが容易に予想されました。複数の相続人から受任して申告書を作成する場合であれば，委任したすべての相続人の了解を得る必要がありますが，本件では①の方法を採るほうがクライアントの理解を得られやすかったのではないでしょうか。

このような場合は，考えられる選択肢と，それぞれの場合の税額やトラブル解決後の手続等について，クライアントが不安にならないような説明を行ったうえで，最終的な決断をクライアントに委ね，その結果を書面で残しておくことが望ましいでしょう。

(3) クライアントだけでなくプロをも納得させる申告を

本件では，事態を見かねたクライアントの関係会社の顧問税理士が更正の請求を行いました。相続が発生した際，原告相続人がこの税理士に当初から申告を依頼していれば，本件のようなトラブルは起きなかったと思われます。

この税理士は，本件で裁判所に意見書を提出し，被告税理士が行った当初申告の問題点を糾弾しています。また，尋問においても被告税理士の説明不足を責める発言をしました。被告税理士は，裁判において，他の税理士に落ち度を指摘されているのです。

　裁判官は尋問での証言の内容をすべて鵜呑みにするわけではありませんが，同じ立場の専門家から，「通常の税理士であればこうすべきだった」との証言がなされたことで，被告税理士の責任を認定しやすくなったのではないかと思われます。

　税務について素人であるクライアントに対して説明を行い，納得してもらうことはもちろん必要ですが，それだけでなく，顧問税理士が交代したり，セカンドオピニオンを求められた税理士が更正の請求を検討するなどして，自身が行った申告内容を他の税理士が再度検討することはありうることです。そのような場合にも，根拠を示して説明できるような申告内容となっているか，常に意識することが必要です。

3　後に予定する更正の請求についての説明も

　本件の被告税理士は，土地の評価について，「申告書提出後，時間をかけて精査して更正の請求を行う予定であった」と述べました。しかし，そのことについても一切クライアントに説明していなかった事情が，被告税理士に不利に働いたようです。

　相続開始の10か月後という相続税の申告期限までに，すべての財産の評価を完璧に終わらせることが難しい場合もあるでしょう。そんなときこそ，クライアントに対して積極的に説明を行い，後日改めて検討して更正の請求を行う予定であることなどを伝え，クライアントの信頼を獲得することが必要だと思います。

Column | スペシャリスト・ゼネラリストと専門家責任

　この業界にいると，日常的に社長とお話をする機会も多く，社長ってすごいなぁと純粋に尊敬することがよくあります。会社のトップとして，広範囲にわたる知識をベースにさまざまな問題に瞬時に対処し決断を繰り返していくことは，とてもエネルギーを使う仕事なのではないかなと思います。

　それに対して，会計業界にいる私たちは，もともとスペシャリストと呼ばれることが多いように思います。特に会計税務のなかでも，自身の専門を持ち，その分野を究めた方たちは，その探求力や知識の習得に対する意欲がずば抜けているように思います。

　企業は長年，ゼネラリストを育てるため，従業員に対して異動を繰り返し強いてさまざまな業務を経験させていく手法を多く採っていたように思いますが，最近では，一部にジョブ型雇用等も定着しつつあります。ビジネス書などでも，得意分野を持つことの重要性等が議論されています。ただ，もうゼネラリストは要らないのかというと，そうではないと思います。会社に適切なスペシャリストがいない場合，外注で対応することができますが，ゼネラリストについてはそうはいきません。会社の業務を深く理解したゼネラリストこそが，会社が直面する問題に対処できるように思います。

　私たちが社長を尊敬するのは，社長が，スペシャリストである私たちの対極にいるからかもしれませんね。そして，社長にとっては，スペシャリストである私たちが頼れる存在であるのでしょう（そうあってほしいという願望を兼ねてですが）。

　ところで，専門家責任というのは，スペシャリストであるが故に存在するリスクです。もし専門家責任から逃げたいとしたら，スペシャリストであることを辞めないといけないわけですね。税理士の先生と会うと，何でこんな職業を選んでしまったのだろう??　という話を本当によく聞くのですが，でもみなさん，実はやっぱりスペシャリストであることに多かれ少なかれ誇りを持っている（またはゼネラリストになる勇気がない）ように思います。そして私たちは，これからも専門家責任と付き合っていくことになるわけです。

補章
税務トラブルが起こったら

　本書は，日頃の業務やクライアントとのコミュニケーションにおいて，トラブルをなるべく防ぐための「掟」をまとめたものですが，さりとて，残念ながら，実際にはトラブルが皆無となるわけではありません。
　それでは，万が一トラブルが起きてしまった場合，どのように対応していくのがよいかについて少し考えてみたいと思います。
　なお，ここでのトラブルは，税理士側において，適用可能であった税制の適用が漏れたことでクライアントに過大な納税が発生してしまう，典型的な税賠事故は除いています。

1　あわてずに，でもすみやかに対応を

　トラブルのきっかけとしては，①クライアントからクレームの電話が入る，②クライアントとの面談で切り出される，または③内容証明郵便が届く，のいずれかであることが多いように思います。

(1)　クレームの電話を受けたとき

　クライアントからの電話がクレームの電話であると気づいた場合において，電話録音アプリ等の操作が可能であれば，まずその内容を録音することをおすすめします。選択した連絡先からの通話を常に録音する機能などを用いることも有用です。後に訴訟等に発展した際に，証拠として提出する可能性があるためです。もし証拠として提出する必要がないとしても，当初のクライ

アントの主張がどのような内容なのか，またクライアントの不満がどこにあるのかを把握するために，記録として残しておきたいものですし，電話の後で，上長や所長（または担当職員や担当税理士等）とともにクライアントの主張を整理して今後の対応を協議する際にも，電話の内容が必須となります。

クレームの電話の後，もし，まだクライアントと対面でのやりとりができる状況であれば，所内での確認・整理が終わり次第，早めに面談を申し入れ，事実関係を確認し，お互いに納得のいく解決策を探ることになると思います。

(2) クライアントとの面談で切り出されたとき

クライアントとの面談で切り出されたときは，すぐに回答しないことがポイントとなります。クライアントの主張が本当にそのとおりなのか，または気持ちが高ぶってそのような発言をしてしまったのかが不明であるためです。

また，上長や部下と一緒ではなく，1人での面談の際には，正しい事実関係をもとに回答を行うという意味でも，いったん事務所に持ち帰ることが重要です。所長が対応していた場合には，その場で事態を収束したいと思うこともあるかもしれませんが，実務上，直接案件に関わっている担当職員や担当税理士でないと詳細を把握していないことが多いと思われます。たとえ自身に決定権があったとしても，その場での決着は避けるほうが賢明です。

このときにも，面談の内容の把握のため，もし録音が可能であれば録音しておくのがよいと思います。

(3) 内容証明郵便を受領したとき

内容証明郵便の差出人は，多くの場合，代理人弁護士です。この場合は，自身の側でも税法の理解がある弁護士に相談し，弁護士から回答書を提出してもらうのがよいと思います。

内容証明郵便には，到着から2週間程度の回答期限が設定されていることが多いと思われます。しかし，その期限までに必ず回答書を送付できなくとも，自身の代理人弁護士から電話などで相手方弁護士に連絡してもらうこと

補　章　税務トラブルが起こったら

で回答の期限の延長が可能な場合もありますので，誰にも相談せず，あわてて自身の考えだけで回答書を送付してしまわないことがポイントとなります。特に，自身の考えだけで回答書を作成すると，相手方の主張や態度への批判等に終始し，自身の主張の根拠等を示せない不完全な書面となるおそれがあり，その回答書が交渉にあたって不利となってしまう可能性もあるためです。

　また，確定申告や3月決算の繁忙期など，すぐに回答が行えない場合でも，代理人間で事情を伝えてもらうことで，深刻な事態を回避することが可能となるでしょう。

　最もよくないのが，何の対応も行わずに放置することです。対応策を検討していることが相手方に伝わらないと，そのまま訴状が送付されてくることになってしまいます。比較的少額で折り合いがつく可能性が高いトラブルについては，交渉で終結させたほうがメリットが多いように思われるため，できる限り放置しないよう留意しましょう。

　ただし，税理士側に何の非もないと思われるにもかかわらず損害賠償を請求されるようなときは，交渉での決着は難しいため，訴訟の場に移行せざるを得ないでしょう。

2　交渉での決着か，訴訟への移行か

(1)　交渉での決着も「負け」ではない

　それぞれのトップ同士が直接交渉して決着がつくのであれば，それでもよいと思います。トラブルが起きた場合に，一方的にどちらかだけに非があり，他方には全く責任を負うべき点がないということはほとんどないはずです。

　税理士側としては，今後の関係性を考慮して，少額であれば報酬の値引きや賠償金の支払を行い，顧問契約の解約を防ぐという手段も考慮しうるでしょう。実際にこのような事例も目にしていますし，帰結としてはこのパターンが最も多いのかもしれません。

(2) 責任がほとんどないと思われる場合も報酬の返金の腹づもりで

　先方が求めている賠償額が数千万〜億単位であるような場合には，訴訟への移行が現実的と思われます。また，そもそも和解による支払を一切検討していない場合や，双方の妥協できる額に隔たりがある場合には，訴訟において判決を受ける流れになると思います。

　訴訟においては，税理士を含む専門家責任は，一般的に広範に解されがちです。善管注意義務違反や説明義務違反に当たるかどうかという論点について高度な責任が求められる場合があり，その判断に従って結論が出されます。なお，税賠訴訟は和解で終わる確率が非常に高く，特に地裁で勝訴したとしても高裁で和解にて終結しているケースも多くあることは，認識しておくとよいと思われます。

　和解で終結する際に解決金として考慮されている金額は，おおむね税理士側が受領した報酬額であることが多いです。地裁で税理士側の責任はないとの判断がいったんなされているにもかかわらず，高裁で和解が選択されるにあたっては，次のような裁判官の思考回路が働くことが想定されます。

　「状況から考えて，税理士に責任があるとの判決文は書けないものの，クライアント側から訴訟を提起してこれだけの主張がなされている事態を考慮すると，クライアントに対し，完璧で丁寧な説明がなされたとまでは言い難く，自身が受領した報酬程度を返還することで解決を図るのが妥当ではないか。」

　もし，訴訟を経て最終的にそのような帰結となる可能性が高いのであれば，訴訟に至る前の交渉段階において報酬相当額を返金することで，クライアントの理解を一定程度得て和解で解決を図る。その選択肢を最初から採ることが最も合理的という考え方もあるように思います。

(3) 訴訟なら尋問への準備は怠りなく

　税賠訴訟では，ほとんどの事件で尋問が行われます。なぜなら，税理士からの説明が行われたのか否か，クライアント側が必要な情報を提供したのか

否かといった事実関係が争点となるパターンが非常に多いためです。

　日本の民事訴訟は当事者主義によっているため，裁判官が自身で事実関係の調査を行うことはありません。したがって，双方の代理人は自身の主張が正しい旨を訴訟の場で明らかにすべく，裁判所に証拠申出書を提出して証人を申請することになります。裁判官がその証人の尋問の実施を決定すれば，尋問が行われることになります。

　尋問においては，自身側の代理人による主尋問の後に，相手方代理人による反対尋問が行われます。主尋問は自身の主張に沿った内容ですが，反対尋問は自身の主張を覆そうとする相手方が，相手方の主張に沿った発言をさせようとして行うものですので，これに対する準備を行っておかないと誘導され，自身の主張にそぐわない発言をしてしまう可能性があります。そのため，代理人弁護士と何度も打ち合わせや事前練習の機会を設けて回答を準備しておくなど，相当程度の時間を確保する必要があります。

3　レピュテーションリスクも頭に置いて

　筆者は数多くの税賠訴訟の裁判記録を閲覧に行っていますが，名の通った大手の税理士法人が被告となった税賠訴訟に出会ったことはほとんどありません。大手の税理士法人は，個人事務所や小規模の税理士法人に比べ，品質管理体制などが整っていることが想定されますが，だからといってクライアントとのトラブルが1件も起きていないとは考えられません。大手の税理士法人においてもトラブルは一定程度起きているものの，訴訟に至らずに交渉段階での決着がなされていると考えるのが自然ではないかと思います。

　もちろん，自身に全く非がないと思われるトラブルについては積極的に和解する必要はありませんし，もしそのような相手方が訴訟を提起してきた場合には，毅然とした対応をとることも重要と思われます。一方で，コストや時間，そしてレピュテーションリスクまで含めて総合的に検討すると，交渉段階での決着や地裁での和解という選択肢が有効ではないかと考えます。

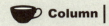 　　　　　　　　尋問調書

　税賠事件についての記録を閲覧する際に，筆者が最も気になるのは，尋問の場面です。
　尋問は，どのようにトラブルが発生したのか，そして原告クライアントがどの点について最も許せないと感じているのかがとてもよくわかるためです。尋問調書には，尋問での受け答えがそのまま再現されているので，読んでいると，証人が言い淀む場面や語気荒く訴えかける場面などが字面から伝わってきます。ここがまずいと思ってあらかじめ言い訳を考えてきた，ミスをしたものの全く悪びれる様子がないなど，被告税理士の様子や態度もよくわかります。判決文を読んで何となく腑に落ちなかった論点についても，尋問調書を読むことで理解できる事件もあります。
　「主尋問」については，もともとストーリーが用意されていて代理人弁護士との間で事前に何度も練習していると思われるため，予定どおり進むことが多いですが，「反対尋問」についてはそうではありません。事前に想定問答を準備しているはずですが，思いもかけない質問に冷静さを失うこともあるようです。特に，それまで冷静に応答していた証人が突然喧嘩腰のような口調になったり，誘導尋問のような質問が行われて相手方の代理人が「異議あり！」と唱えたりするなど，それぞれの事件にドラマがあります。法廷ドラマさながらの様子に，筆者もドキドキしながら記録ファイルのページをめくります。
　筆者が特に気をつけて読むのは，裁判所（特に裁判長）が質問する場面です。裁判所の質問は，それが判決に直結することもありますし，そうでないとしても，裁判官が問題視している箇所がとてもよくわかり，それが税務トラブルや税賠予防のヒントになることもあります。時に裁判長の質問は，刑事裁判の被告人に対する説諭に通じるものがあるようにも思います。税賠事件でも，もし判決の際，理由が省略されず裁判官がコメントするとしたら，被告税理士に対してこのように伝えるのだろうかなどと，いろいろ想像を膨らませながら閲覧を楽しんでいます。

判 例 索 引

東京高判令和4年5月25日（判例集未登載）……………………………………………… 113
　　東京地判令和3年8月4日（LEX/DB：25601405）
東京地判令和4年3月29日（LEX/DB：25604674）………………………………………… 142
東京地判令和3年12月27日（LEX/DB：25602943）………………………………………… 79
千葉地判令和3年12月24日（TAINS：Z999-0179）………………………………………… 148
東京地判令和3年11月11日（LEX/DB：25602182）………………………………………… 72
東京高判令和3年9月29日（LEX/DB：25591781）………………………………………… 39
　　東京地判令和2年3月2日（LEX/DB：25584250）
東京地判令和3年9月1日（LEX/DB：25601129）………………………………………… 156
東京地判令和3年7月20日（LEX/DB：25600495）………………………………………… 29
東京地判令和3年7月5日（LEX/DB：25589664）………………………………………… 22
東京高判令和3年6月3日（判例集未登載）……………………………………………… 60
　　東京地判令和2年12月3日（LEX/DB：25587120）
東京高判令和3年4月14日（判例集未登載）……………………………………………… 43
　　横浜地判令和2年6月12日（判例集未登載）
東京地判令和3年3月24日（LEX/DB：25588735）………………………………………… 108
東京高判令和2年9月30日（LEX/DB：25592348）………………………………………… 134
　　東京地判令和2年1月30日（LEX/DB：25584122）
東京高判令和2年7月29日（LEX/DB：25590668）………………………………………… 130
　　東京地判令和元年12月23日（LEX/DB：25583710）
東京地判令和2年3月10日（TAINS：Z999-0215）………………………………………… 167
東京地判令和2年2月20日（TAINS：Z999-0181）………………………………………… 94
東京地判令和元年10月15日（LEX/DB：25582553）………………………………………… 85
東京高判令和元年8月21日（金判1583号8頁・TAINS：Z999-0174）………………… 89
　　東京地判平成28年5月30日（TAINS：Z999-0173）
東京高判令和元年5月30日（LEX/DB：25590666）………………………………………… 100
　　東京地判平成30年12月18日（LEX/DB：25558934）
東京地判平成31年3月27日（LEX/DB：25580589）………………………………………… 35
東京地判平成31年3月14日（LEX/DB：25580876）………………………………………… 65
東京地判平成31年1月11日（LEX/DB：25559250）………………………………………… 122
東京高判平成30年12月19日（判例集未登載）……………………………………………… 138
　　東京地判平成30年8月9日（LEX/DB：25556999）
東京地判平成30年11月7日（LEX/DB：25557796）………………………………………… 104
東京地判平成30年5月25日（LEX/DB：25555603）………………………………………… 18
東京地判平成30年2月28日（LEX/DB：25551799）………………………………………… 161
東京地判平成30年2月19日（判タ1464号197頁・TAINS：Z999-0172）………………… 171
東京地判平成29年10月30日（金法2089号82頁・TAINS：Z999-0171）………………… 126

《付録》税務トラブルを起こさない100の掟

	掟
1	脱税加担は誰のためにもならないと認識せよ
2	サービスとして行ってよいことを弁えよ
3	クライアントに対する忠誠心は本来のサービスで発揮せよ
4	業務提携先とは適切な関係性を構築せよ
5	届出書提出の確認は現物をもって行う
6	受任時の入念なヒアリングや資料徴求でリスクを低減
7	根拠のある数字をもとにシミュレーションを行う
8	見極めの時期はギリギリが最も正確
9	尋問での誤った受け答えは命取りに
10	仮の税額を伝える際はあくまでも仮であることを明確に
11	課税繰延べのアドバイスミスでも損害は生じうる
12	不動産の売買が関係する特例は慎重に検討を
13	アドバイスの根拠となる明確な記録を残して
14	文献等の調査記録は必ず手元に残して
15	事前アドバイスミスは本税部分も賠償が求められる
16	分割内容の伝達は客観的に行う
17	相続人間のトラブルが起きやすいケースを把握する
18	すべての相続人から申告業務を受任しない選択肢も想定する
19	年1回関与のクライアントとこそ契約書を
20	税賠保険があることが税賠訴訟の可能性を高める事態も
21	申告書と届出書の同時提出よりも情報の確度を優先して
22	税務調査におけるネゴシエーションはその事案限りと認識せよ
23	ネゴシエーションの際も税理士法遵守は頭に置いて
24	税務調査での交渉内容と懲戒処分は別次元に考えよ
25	独立時の違反行為は就業規則で定めを
26	担当税理士の定期的な交代も視野に
27	独立トラブルが周りに与える影響も踏まえて
28	クライアントの意向にかかわらず指摘・指導を
29	税務調査の内容は迅速かつ適切にクライアントに報告を
30	重加算税の賦課についての説明を
31	領収書の分割行為を見過ごすべからず
32	指導に使用するメモは手交にとどまらずメールで送る

《付録》税務トラブルを起こさない100の掟

ひと言	ページ
いくらクライアントのためであっても，脱税加担はいけません	114
依頼されたことを整理して，できることとできないことを区別しましょう	115
税理士法第1条，きちんと読みましょう	117
いつもよくしてくれるから……でもズブズブはいけません	162
たとえ税務署から「届出書出てますよ」と言われても，鵜呑みは禁物です	163
情報が不足しているときは，角度を変えてクライアントに聞いてみましょう	164
言い値でシミュレーションしても，正しい試算にはなりません	30
届出書を提出するかしないか……クライアントの最新の情報で判断しましょう	31
たとえ緊張しても，正しいことを，真実を話しましょう	32
あくまでも仮ですよ，概算ですよ。クライアントには念押ししましょう	80
繰延べなんだからトータルしたら変わらないよね。……税賠では通用しません	82
滅多にない不動産の売買だからこそ，金額もクライアントの期待も大きいです	83
アドバイスはしてるんです。でも，その記録がないことがすごく多いんです	73
当時いろいろ調べたんですよ。……何を調べたか書いておいてください	74
アドバイスが間違っていて発生した税金は……税理士負担になりますよ	75
私が決めたのではありません。みなさんが決めたのです	61
トラブル案件には要注意！　首を突っ込むと訴訟にも巻き込まれます	62
クレームをつけてくる相続人からはなるべく遠ざかりましょう	63
毎月関与のクライアントではないから……こそトラブルもありえます	22
保険入ってるから払えるでしょ？　と足元を見られることも多いです	24
同時に提出すれば省エネですが……正確さが優先です	24
ネゴシエーションはありますが，他言無用です	143
ネゴシエーションも大切ですが，自分の資格はもっと大切です	145
懲戒処分の調査のときは，クライアントの税務調査での義理は忘れましょう	146
守秘義務を扱うことの多い業界ならではの就業規則が必要です	138
独立時のクライアント引き抜きを防止したいなら，対策を考えましょう	139
狭い業界です。心は広く持ちましょう	140
調査で指摘されそうな論点には，はじめから対処しておきましょう	104
調査はとっても気になるもの。なるべく早く報告しましょう	106
重加算税に納得できないクライアントは多いです。コミュニケーションが重要です	106
仮装隠蔽，脱税……そんなクライアントへの指導も税理士の立派な仕事です	109
手渡しは記録に残りません。記録に残る方法でクライアントに伝えましょう	110

185

33	愛あるムチで将来のリスクを回避する
34	杜撰な業者との関係は見直すべき
35	短期間の役務提供であっても契約書を取り交わすべき
36	他業者との協業にはルールを設けて
37	クライアント担当者退職時の引き継ぎは十分に
38	他者の見解を確認することの重要性を認識せよ
39	正しくない申告を行うことは不適切
40	受託業務の該当性について双方で確認を
41	申請業務を受託する場合は期日管理を確実に
42	他の資格の独占業務に該当しないことの確認も
43	税務顧問契約でM&Aのサポート業務はカバーできない
44	税理士が作成する財務諸表は一定の前提をもとにしている
45	簿外資産・負債はないとの確認をクライアントから得よ
46	税務調査対応を誤ると取り返しのつかない事態に
47	以前の成功体験に頼るのは危険
48	税務調査対応はクライアントの意向を尊重して
49	新設クライアントに対する消費税の説明は必須
50	本則課税と簡易課税の有利不利の説明も怠らずに
51	コミュニケーションは郵送のみでは不十分
52	相続税の基本的な説明を丁寧に
53	他の相続人に及ぶ不利益も説明を
54	事実関係から推察される最も正しい申告を行うアドバイスを
55	資料不提示の期間と理由から異常を感知する
56	重要事項を記載した送付状は必ず保管を
57	クライアントへの報告メールは経営トップにも送信を
58	受任範囲の説明を丁寧に
59	報酬体系もあらかじめ説明を
60	契約書は2通作成して両者保管が望ましい
61	大切な資料は依頼者と直接やりとりせよ
62	所内での作業中もコミュニケーションを継続せよ
63	クライアントの心情も踏まえた説明とアドバイスを
64	直接のクライアントのみならず他の関係者への影響も検討を
65	法人税のみ受任して他税目は対象外との理屈は通用しない
66	贈与税本税の損害の認定は事案による

《付録》税務トラブルを起こさない100の掟

クライアントの脱税行為に対しては断固とした姿勢を。それもやさしさです	110
クライアントの利益を考えない業者とは,今後の付き合い方を考えましょう	157
スポットだから契約書は面倒……その姿勢は改めましょう	158
そのときによって対応が異なると,ウラがあるのではと思われます	159
そんなことは聞いてない。……でも,前の担当者は聞いていたかもしれません	90
自分は万全と思っても,他者の意見を聞いてみることは大事です	91
当たり前ですが……自分のアドバイスミスで多額の税額が発生しても,です	92
税務顧問は何でも屋……ではないはずです。業務外のことまで対応しないこと	56
イレギュラーな期日管理,きちんと対応できますか？	57
この業務は受けても大丈夫だろうか。業際の確認は重要です	58
目的が異なる業務を,1つの契約で受けることはできないはずです	51
作成する決算書のすべての勘定科目の正確性まで担保していません	52
ヒアリングには限界があります。クライアントにもリスクを負担してもらいましょう	52
無実のクライアントにひどい処分がなされることは避けましょう	149
前の調査では大丈夫だったとしても,今でも大丈夫とは限りません	150
対応するのは自分でも,納税するのはクライアントです	151
若葉マークの事業者には,消費税をゼロから説明しましょう	18
消費税の課税の仕組みと有利不利は,税理士からの説明が求められます	19
クライアントの理解度を知るためにも,せめてWebで打ち合わせをしましょう	20
はじめて相続税の申告をする人が,相続税について完璧とは思えません	44
相続人1人ひとり,認識している事実も考えも違うことはよくあります	45
クライアントに,安易に逃げの選択肢を与えてはいけません	46
何か月も資料が出せない？ 何か事情があるはずです	101
郵送したかどうかの立証は,思ったより難しいです	102
クライアントの契約当事者は経理担当者ではなく,社長です	102
受任する業務の内容は,クライアントにわかりやすく説明しましょう	36
支払った報酬にどの業務が含まれているか,クライアントには重大事項です	37
印紙代を節約できても,訴訟になったらもっと費用がかかります	38
その資料は,ほかの人に見られても問題ない内容のものですか？	66
いや,今役所調査をしているところです。……連絡しないと伝わりません	67
「それは本当にあなたの財産ですか？」……詰問されては相続人もつらいかも	67
法人,元社長,現社長,株主……さまざまな課税関係を想定しましょう	86
受任業務を限定したいなら,すべて契約書に盛り込みましょう	87
たとえアドバイスが誤っていても,その事実関係になった可能性もあります	87

187

67	最悪の事態を回避する手段を模索せよ
68	税務リスクが内在する処理への指摘は躊躇なく
69	社長と会社の命を救うための提案を
70	重要な税務判断の内容とその説明は必ず記録・保管を
71	FAXは送信履歴も合わせて保管を
72	連絡は普段から同じ手段で
73	決算作業に関する業務日報は作業の進捗を確認できる証拠
74	訪問や面談の履歴はスケジューラーや手帳などで管理を
75	決算確認や税務判断の打ち合わせは担当職員同席で
76	課税関係の把握は正しい資料の入手から
77	課税関係の判断では条文検討や文献調査を怠らずに
78	スピードを優先する場合はクライアントのリスクで
79	クライアントとのメールには必ず上司をccに入れる
80	申告書の提出・送信業務には担当職員以外の職員も関わるべき
81	悪いことを報告できる雰囲気も大事
82	新規クライアントの状況を確認してから受任を
83	テンプレートはカスタマイズして使用せよ
84	消費税還付申告の受任は届出書の確認とセットで
85	クライアントとの税務上必要なやりとりには他の関与者を頼らない
86	複数の申告方法があれば選択肢を示しクライアントの判断で
87	クライアントだけでなくプロをも納得させる申告を
88	一家の顧問税理士としての業務と相続税申告業務は別物
89	弁護士とともに関与して業務を完遂せよ
90	税務代理権限証書は相続人1人ずつから
91	業務や指導の内容を常に記録せよ
92	クライアントとのコミュニケーションの大切さを再認識せよ
93	クライアントへの提案前に所内で十分に検討を
94	交渉での決着も「負け」ではない
95	責任がほとんどないと思われる場合も報酬の返金の腹づもりで
96	訴訟なら尋問への準備は怠りなく
97	消費税の届出書の提出状況は決算前に確認せよ
98	定期的に同業者との情報交換を
99	チェックシートを用いて検討漏れを防止せよ
100	倫理観を持って仕事をしよう

《付録》税務トラブルを起こさない100の掟

横領，仮装隠蔽……いろいろあっても，命が一番大事ですよ	95
それ，リスクありますよ。迷わず伝えましょう	95
社長には周りが見えていないこともあります。近くで支える私たちから進言を	96
どのように判断したか，どのように説明したか，数年後には覚えていないものです	123
FAXはきちんと送信されたかな？　昔は心配だったはず	124
いつもメールなのに電話，いつも電話なのにFAX……裁判官は怪しみます	124
事務所内での作業の内容は，意識しないとなかなか証拠に残りません	131
打ち合わせの日にちについて，双方の認識が食い違うことはよくあります	132
いくら所長先生でも，クライアントのことを全部把握できるわけではありません	132
Excelは計算には便利ですが，契約書ではありません	127
間違いないと思っても，初心に帰ることも必要です	128
スピードを優先すると，何かを犠牲にしているはずです	128
担当者1人でやりとりできる状況は，不正を生みやすい状況です	135
重要な業務の遂行には，ダブルチェックが必須です	135
悪循環を防ぐためには，反省とともに，赦しと癒しも必要です	136
安易に受けて本当に大丈夫？　苦労するのは自分です	40
テンプレートは時間短縮に効果的ですが，それでトラブルが起きては逆効果です	40
ミス多発中！　消費税の届出書の期限には細心の注意を	41
弁護士と税理士で，クライアントから得るべき情報の内容は違うはず	172
申告内容とリスクをきちんと伝えたら，あとはクライアントの責任です	173
クライアントが他の税理士にセカンドオピニオンを求めても，胸を張りましょう	173
誰かに有利な申告書を作成したら，他の相続人が納得しないかもしれません	168
絶対揉めると思ったら，最初から弁護士に相談してもらいましょう	168
1人ひとりの意思を確認しないと，申告方針や報酬で揉めることになります	169
聞いてないと言ってくるクライアント，必ずいるんです	13
コミュニケーションは問題ありません。そう思ってるのは自分だけかもしれません	14
万全なチェック体制があることがベストです	15
それがベストパフォーマンスになる可能性も高いです	179
裁判官は，なるべく和解で終わらせたいようです	180
結構緊張するんですよ。だから練習しましょう	180
決算を過ぎてしまうと，消費税の届出書は提出できません	―
悩みはみんな同じ。いい知恵見つけて解決しよう	―
基本的な内容だから大丈夫。でも思わぬところに落とし穴	―
私たちが道を踏み外すと……新聞沙汰になりますよ	―

【著者略歴】

窪澤　朋子（くぼさわ　ともこ）

茨城県出身。上智大学外国語学部卒。税理士・損害保険プランナー。
2003年税理士登録。2018年東京共同会計事務所入所。2024年青山学院大学大学院法学研究科非常勤講師。
前職の鳥飼総合法律事務所で，14年にわたり，税務訴訟および税賠訴訟の補佐人・不服申立の代理人を務める。同事務所で担当した主な事件として，ストック・オプション事件，ガーンジー島事件，グラクソ事件，外国籍孫事件等。
税賠案件では，税賠訴訟のほか，税理士紛議調停・訴訟前の交渉等，多数の案件に関与。税賠保険事故報告書のレビュー経験あり。税理士法人に対し，クライアントとのやりとりに関するルール作り，申告書・届出書提出の管理やコンサルティングの際の提案書作成など，税理士法人の組織体制の構築から事務所職員に対する税賠予防の教育まで，リスク管理の視点から幅広く提案を行っている。

〈著書〉
『事例分析による　税賠事故リスク回避マニュアル』（日本法令，2023年）
『税理士の専門家責任とトラブル未然防止策』（清文社，2013年，分担執筆）等

〈セミナー〉
「税賠回避のためのポイントと対策」（KACHIEL，2023年）
「事例から読む「税賠事故」の傾向と回避策」（近畿税理士会北支部，2023年）等
2021年4月から1年間，『税務弘報』にて「税務トラブルを起こさない事務所の掟」連載。

税務トラブルを起こさない事務所の掟

2024年9月10日　第1版第1刷発行

著者　窪　澤　朋　子
発行者　山　本　　　継
発行所　㈱中　央　経　済　社
発売元　㈱中央経済グループ
　　　　パブリッシング

〒101-0051　東京都千代田区神田神保町1-35
電話　03 (3293) 3371(編集代表)
　　　03 (3293) 3381(営業代表)
https://www.chuokeizai.co.jp
印刷／㈱堀内印刷所
製本／㈲井上製本所

Ⓒ 2024
Printed in Japan

＊頁の「欠落」や「順序違い」などがありましたらお取り替えいたしますので発売元までご送付ください。（送料小社負担）
ISBN978-4-502-50391-7 C3034

JCOPY〈出版者著作権管理機構委託出版物〉本書を無断で複写複製（コピー）することは，著作権法上の例外を除き，禁じられています。本書をコピーされる場合は事前に出版者著作権管理機構（JCOPY）の許諾を受けてください。
JCOPY〈https://www.jcopy.or.jp　eメール：info@jcopy.or.jp〉